仕事ができる人の頭の整理学大全《たいぜん》

Mind organization for smarter working

ビジネスフレームワーク研究所［編］

青春出版社

目からウロコのやり方で、思考の〝見晴らし〟が突然よくなる本――はじめに

仕事ができる人は〝整理上手〟だ。

机の上もそうだが、引き出しやビジネスバッグの中、パソコン内のデータ、自宅の書斎なども驚くほど整理されている。

それに対して、仕事がいまひとつ…という人は机の上はもちろんのこと、本人のまわりはいつもゴチャゴチャしている。これでは、いつまでたってもモヤモヤ感は消えないし、肝心の仕事にしてもどんなやり方がいいのか、自分の〝最善手〟がわからないだろう。

そんな「どうもスッキリしない…」と悩んでいる人のために、「いつも結果を出している人」に共通する〝考え方のコツ〟を紹介したのが本書だ。

たとえば、引き出しの一つは常に「空」にしておくべきワケや、重要な情報だけをストックできる「網の目スクラップ法」、脳を活性化させるA4サイズの裏紙メモのとり方など、誰でもできる、目からウロコの簡単なやり方が満載である。

目の前の選択肢を前にして、どこに進むべきか迷ってしまったら、この一冊で、あらゆる「ムダ」を上手にまとめてスッキリしてほしい。

２０１９年3月

ビジネスフレームワーク研究所

仕事ができる人の頭の整理学大全●目次

Chapter 1

頭の中を整理するには、ちょっとしたコツがいる

Chapter2

結局、「直感力」のある人が結果を出している

Chapter3 クレバーな「判断力」はクリアな頭に宿る

特集1 簡単に頭を整理する〝スッキリ環境〟の作り方〈文房具・ノート編〉

STEP1 ファイリング力
必要なときにサッと使える「書類整理」の鉄則

STEP 2 ノート力
論理的思考が身につく「書き方」の法則

Chapter 4

一流の「分析力」を身につける整理法とは？

Chapter5

今の状況を知ってこそ、「戦略力」は磨かれる

Chapter6

思考のムダとりで「記憶力」と「集中力」をパワーアップ！

特集2 簡単に頭を整理する〝スッキリ環境〟の作り方〈環境編〉

STEP1 デスク力
必ず結果を出す人の「机の上」「机の中」

STEP2 PC力
書類作成がサクサクできる時短データ管理術

STEP3 ルーム力
やる気・集中力がイッキに高まる部屋の秘密

本文イラスト●須山奈津希
本文図版提供●Happy Art/shutterstok.com
本文デザイン・DTP●ハッシィ
制作●新井イッセー事務所

Chapter 1

頭の中を整理するには、ちょっとしたコツがいる

結果からたどれば膨大な情報もムダなく処理できる

資料を整理するときには、見やすいように順序立ててまとめていくことが多いだろう。もちろん、それはそれで間違いではないのだが、ビジネスにはタイムリミットというものがある。処理しなければならない資料の量が多くなると、まとめ切るのがむずかしくなってしまうことも多い。

そこで、時間が足りなくて冷や汗をかく前に試してみたいのが、結果から逆算するという方法だ。

たとえば、あみだくじを考えてみてほしい。正解を知らずにくじを引いたら当たりにいきつくまでに時間がかかるが、逆に当たりのほうからたどっていけば、引くべきくじを一発で探り当てることができる。

やり方はじつに簡単で、まず、全体をざっと見て「こうなりそうだな、こうなるとベストだな」という仮説を立ててしまう。そのうえで、その結論を導き出せるような情報だけをピックアップしていくのである。

あまりにも偏ったまとめ方にならないように注意する必要はあるが、手元に集まった情報のすべてが有用だとは限らない。すべてを検証する余裕がないときは限られた時間の中で効率的に取捨選択していくことが必要だ。

何のための情報なのかという視点で選び取れば、無用なことに振り回されることなく時間のロスを防ぐことができるのである。

仮説はどしどし捨ててこそ意味がある！

予測を立てて情報を整理していくうちに、その仮説が見当外れだということに気づく場合がある。これでは最初からやり直しになり、結局時間のムダだったと感じてしまうかもしれないがけっしてそうではない。

もう一度やり直すとしても、そこはまったく未知の領域ではない。たとえ間違った過程をたどったとしても、じっくりと検証した情報はすでに見知ったものになっている。

初見で仮説を立てたり筋道を考えることに比べれば、効率も正確さも格段にアップしているはずなのだ。

もしも間違った仮説に気づいたら、すぐにそれを捨てて新しい仮説を立てればいい。時間のロスを防ぐためには、切り替えは素早いほうがいいのだ。

いってみれば、仮説はあくまで〝仮〟のものである。効率よく情報を整理するために便宜上立てただけと考えれば、たとえそれが間違っていたところで致命的なダメージを受けることはない。

それどころか、結果的に複数の視点から検証することで、より深く理解したうえで情報と向き合えることになるし、反芻することでしっかりと頭に入ることになる。

一回で正解にたどり着くというのも気持ちがいいものだが、もう一度見直すことでより理解が深まり、的確な仮説が立てられると思えば回り道もムダな作業ではないはずだ。

あえてアナログな作業にこだわるメリットとは？

ＩＴ全盛の世の中ではスピード感や効率のよさが是とされ、時間がかかる地道で細かい作業は敬遠されてしまいがちだ。しかし、考えをまとめたり精査するためには、あえてアナログの作業を選ぶのがいいときもある。

わかりやすい例で、「検索」という作業について考えてみよう。わからない言葉や専門的な知識まで、インターネットの検索エンジンを使えば一発で疑問が解消するのが現代だ。

しかし、ここであえて紙の辞書や専門書、関連書籍などを使って調べてみると、ページをめくることで関係するほかの情報に気づいたり、まったく別の新たな情報に出会えたりするのだ。

たしかに手間と時間はかかるかもしれないが、けっしてムダな作業ではない。言葉の意味を知るだけでなく、さまざまな付帯情報を得ることで、知識はより深く立体的なものになっていく。

これは、思考を整理するときにも同じことがいえる。ただひたすらスピードを追及して考えをまとめようとするよりも、ときどきほかのことを考えたりしながらゆっくりと思いを巡らせるほうが思わぬ発見をすることもある。

スピード重視の風潮にあえて逆らって歩みを遅くしてみれば、思考に幅が出て余裕が生まれてくる。結果的に仕事がはかどるようになるのである。

地図を作って「思考」を整理整頓する

〝地図のない旅〟に出るなどといえばロマンがあるが、未知の場所で地図がなければ道に迷ってしまう。ミッションを確実に達成するにはロードマップが必要なのだ。

ある程度の見通しを立てて作業に入れば、わき道にそれたり着地点を見誤ったりするリスクも少なくなる。アイデアを練ったり情報収集をするときにも、手順や時間などの道筋をあらかじめ思い描くべきだろう。

たとえば情報収集をするとしたら、まず1日目の午前中はインターネットで情報を集め、午後にはオフィスの外に出てフィールドワークを行う。２日目にはその集めた情報を集約してリストを作成し、3日目にそれを報告できる形にまとめるという具合だ。

このような大まかな工程を決めておくだけでも、だらだらと作業を続けたり、ほかの仕事とのバランスがとれなくなることもなくなるはずだ。

細かい作業工程についても、優先順位や所要時間などを考えて実現可能な予定を立てたい。あまりに理想的なやり方を掲げても、実行できなければ何の意味もないからだ。

思いつきで行動したり、ただがむしゃらに頑張っているだけでは結果がついてこない。努力に見合った成果を得るためにも、まず自らの行動にしっかりと見通しを立てておこう。行動が整えば、思考もおのずとより整理されたものになるのである。

アイデアを研ぎ澄ますには“捨てる”ことが大切

断捨離という言葉はすっかり市民権を得ているようだ。不要なものを減らすことで逆に生活を豊かにしようという概念を表しているが、思考が行き詰ったときにも思い切って捨てるというのは効果がある。

時間をかければかけるほど、そのアイデアや企画には愛着が湧くものだし、簡単にはあきらめられなくなるものだ。しかし、とりわけビジネスにおいてはこの愛着があだとなって失敗するケースも出てくる。

何のために時間をかけて作業していたのかといえば、利益を出すためだったりライバルに勝つためだろう。そのアイデアに固執するあまりに本来の目的を見失ってしまったら、それこそ本末転倒なのである。

企画を練るにしても情報を収集するにしても、作業をする前にある程度のタイムリミットを決めて、うまく着地点が見つからなければ思い切ってその作業をあきらめてしまうといい。

必ずしもすべてを処分する必要はないが、いったん作業をやめてしまい、思考の外にポイッと追い出すのだ。

必要のないものをそぎ落とすというのは、よりよいものをつくり出そうとするときには欠かせない作業になる。行き詰った思考パターンをそぎ落とすことで、次に生まれるのはより洗練されたアイデアになるのだ。

とっさの説得力は「フェルミ推定」で身につける

あてずっぽうに聞こえることでも、そこに根拠を持たせることができれば十分な説得力が生まれることがある。それを可能にするのが「フェルミ推定」だ。

フェルミ推定とは、知っている情報やデータを使って、目的となる答えを概算する方法である。

たとえば、「東京都に美容院は何件くらいあるのでしょうか？」という問いがあるとする。これをフェルミ推定のロジックに当てはめると、「自分の家の周辺には8件の美容院がある。つまり面積にするとおよそ10平方キロメートル当たり8件」というデータからスタートすることになる。

その面積を区に広げて掛け算をするのだが、それぞれの区が郊外か市街地か、あるいは住宅街と商店街のどちらが多いかという観点からその数字を多少増減させ、23区に都下を加えて集計するのだ。

つまり、フェルミ推定では、正確な数字を出すことが重要なのではなく、論理的な思考法によって情報を整理して答えを導き出すことが目的なのだ。とりあえずの概算値があれば、話を前に進めることもできるので作業にスピード感が出る。

実際に調べたら膨大な手間と時間がかかるような質問でも、フェルミ推定の思考法が身についていれば、説得力と自信を持って即座に答えを提示することができる。とっさの対応力の高さを示すこともできて、一石二鳥の思考法なのである。

俯瞰してクールダウンすれば視野が一気に広がる！

物事に打ち込めば打ち込むほど集中力が高まり、ほかのことが目に入らなくなる――。作業がはかどるという点ではいいことのように思えるが、これは一方で視野が狭くなってしまうというリスクをはらんでいる。

そのリスクを減らすためには、作業がスムーズに行われているか難航しているかに関わらず、一定の時間をおいて全体を俯瞰する習慣をつけておきたい。

ご存じのように俯瞰は客観とは違うので、あくまでも自分目線でかまわない。目的は、全体の中でどのような場所にいるのかということを認識することだ。

自分の行っている作業がプロジェクト全体でどのような位置づけにあるのか、自分のとっている行動の影響がどんなところに及び、その結果どうなっているのかなど、作業を上空から眺めるイメージで見渡してみよう。

一歩引いて見渡すことで、クールダウンもできる。その状態で作業に戻れば、新たな観点やそれまで気づかなかった問題などを見つけ出すことができるはずだ。

この俯瞰的思考法は、ステップアップしたいと思うならぜひとも身につけておきたい方法だ。自分の立ち位置を把握するというのは、自分がどう動くべきかを知る一助にもなる。

それこそが、次の一手を打つために重要な情報なのである。

経験に基づいた「垂直思考」で手堅い結論を出す

思考を巡らせるときにはいくつかのパターンがあるが、そのうちのひとつが「垂直思考」だ。いわゆる深掘りというもので、ひとつの視点についてどんどん深く追求していくやり方である。

たとえば、「流れの速い川がある。向こう岸に渡るためにはどうすればよいか」という問いがあるとする。

橋を架ける、船を使う、泳いで渡るなど、さまざまな方法が考えられるが、川の流れの速さや川幅の計測、橋を架ける場合と船を借りる費用の比較など、考えられるあらゆる選択肢を詳細に検討し、結論へと導いていくのが垂直思考だ。

ひとつの命題に対して、繰り返し問い続けることでそのことを掘り下げていく論理的な思考方法でもあり、経験や知識によって深めていくことができる。

そういう意味では、垂直思考は常識的なタイプの人にとっては比較的得意な思考方法だといえるかもしれない。

ただ、難点があるとすれば、枠にはまった論理展開になっていきがちということだ。たしかに説得力は高いのだが、そのプロセスは常識の枠をはみ出ることがない。

垂直思考で導き出した結論は、大きく狙いを外すリスクは少ないために手堅くいきたいときにはぴったりの方法ではあるが、一方で意外性に欠ける側面もあり、大化けすることは期待できないということも認識しておいたほうがいいだろう。

とっさの思いつきに価値を持たせる「水平思考」とは

前出の垂直思考と対になって語られるのが「水平思考」だ。

これは、視点を変えることで思考に広がりを持たせていく方法で、「流れの速い川がある。向こう岸に渡るためにはどうすればよいか」という問いに対して、川を埋め立てる、ダムを造ってせき止める、地下にトンネルを掘るなど、必ずしも川を渡ることにこだわらない答えを導き出すのが水平思考なのだ。

斬新なアイデアを出したい、現状を打破したいときなどはこの水平思考の考え方が役に立つ。意識したいのは、枠にとらわれない柔軟な発想力だ。

そういう意味で垂直思考に役立つ常識や経験則というものは、水平思考では逆に足かせになってしまうことが多い。そこで、日頃から水平思考に対応できる発想力を鍛える訓練をしておくといい。

やり方は簡単で、いわゆる連想ゲームの要領だ。ふと思いついたキーワードから始まって、冬↓寒い↓こたつ↓みかん↓ビタミンなどという要領でイメージを膨らませていく。

大切なのは、考え込まずにパッと思いついた言葉でつなげていくことだ。最後の言葉が、最初のキーワードからかけ離れたものになるほど思考の広がりは大きくなっているといえる。

論理的な思考に限界を感じたときは、この水平思考が突破口になる。〝垂直〟と〝水平〟という2つの思考方法をケースバイケースで使い分けられたら強力な武器になるはずだ。

主張に説得力を持たせるための三角ロジック

自分の主張に説得力を持たせたいときに意識したいのが「三角ロジック」と呼ばれる考え方だ。これは論理的思考の基本形で、データと理由づけという根拠があってはじめて説得力が生まれるというものだ。

たとえば「今日は布団を干したほうがいい」という主張があるとする。データに当たるのが、今日の降水確率は0パーセントで気温が20度を超えることで、理由づけに当たるのは、気象庁の天気予報がここ1カ月でかなり高確率で当たっているという事実になる。

この2つの点から、布団を干したほうがいいという主張を導く形になるのが、三角ロジックの思考プロセスだ。

データと理由づけの部分は片方だけでも根拠になるかもしれないが、2つがそろうことで互いを補強し合い、その主張を強力に後押しする根拠となる。

三角ロジックを意識しておけば、多少無理のある内容でも、根拠がしっかりとしているために説得力を持って話すことができるのだ。

また、第三者の主張をチェックする際にもこの思考法を活かすことができる。突くべきは主張そのものではなく、〝根拠〟の部分であるということがわかるので、ダメ出しをしたりアドバイスするのもお手のものというわけだ。

自分の意見を主張する場合でも、他人の意見を検証する場合でも、身につけておいてソンはないのが三角ロジックなのである。

仕事の失敗を引きずる人は趣味の時間を持つべき

ささいなミスにいつまでもくよくよ悩む人もいれば、手ひどい失敗をしてもサッと立ち直って平気な顔をしている人もいる。どちらのタイプも一長一短あるのだが、すでに失敗をしてしまったなら後者のほうがその後のリカバリーもしやすい。

たとえば、ミスをして上司に叱責されたとしても、それはあくまでもやり方や行動が批判されているのであり、人格そのものを否定しているわけではない。勝手に深刻に受け止めてへこんでしまったら、周囲の人も対応に困ってしまうだろう。

ビジネススキルと人間性には直接的な関係はないのだから、そこはしっかり線引きをする努力をしたい。仕事上の失敗をあまり感情的に受け止める必要はなく、冷静に振り返って再発防止に努めればいいのだ。

ただ、どうしても小さなミスを引きずってしまうというなら、オススメは仕事以外のプライベートを充実させることだ。

忙しさにかまけて趣味に費やす時間や、友人に会う時間を削ってはいないだろうか。仕事のために生きるのではなく、ほかにも居場所があるのだということを思い出せれば、いつまでもくよくよと悩んでいたことが小さなことに思えてくる。

ミスを反省することと、必要以上に引きずって悩み続けることはまったく別の話だ。豊かな人生を送っていれば、仕事上の失敗のひとつやふたつでへこたれることもないはずである。

できる人の行動をマネて思考のプロセスを理解する

模倣は最大の賛辞というように、他人のマネをすることは尊敬や憧れの気持ちの表れといえる。

職場の同僚や上司、友人たちの中には、誰が見ても仕事のできる人や頼りになる人がひとりくらいはいるだろう。ぜひその人のビジネスのやり方をマネしてみてほしい。

なかでも一番マネをしたいのは、思考のプロセスやその人なりの視点なのだが、目に見えない内面をまねるのはむずかしい。まずは形からということで、比較的分かりやすい立ち居振る舞いや行動をさりげなくマネしてみよう。

本来は思考のプロセスを理解して、その結果としての行動をマネするべきなのだが、多少強引ではあっても行動をマネているうちにその人の思考を理解できるようになってくる。

簡単なのは話し方やしぐさだ。露骨にやり過ぎたら不審がられてしまうのであくまでもさりげなくマネるのがコツだ。

そのほかにも、持ち物や服装、仕事の合間に飲むドリンクや読んでいる新聞、雑誌などを観察してみたい。

じっくり観察していれば行動パターンや仕事のやり方なども見えてくる。そうするうちに思考のプロセスまで理解できるようになるはずだ。

デキる人の思考プロセスを理解できれば、自分の中にまたひとつ別の必勝パターンを蓄積することができるのである。

手元にあるものからアイデアを掘り起こす

ブレインストーミングの方法のひとつにオズボーンのチェックリストがある。これは、何もないところからアイデアを生み出すのではなく、手元にある材料の中から切り口を変えて使えるものを探すやり方だ。

すでに検討し尽くしたと思われることでも、チェックしきれていない〝思考の抜け〟が必ず存在するものだ。

チェック項目は9つで、他の使い道はないか(転用)、これに似たものはないか（応用）、どこかを変えてみたらどうか（変更）、大きくしたらどうか（拡大）、小さくしたらどうか（縮小）、何かで代用できないか（代用）、要素を入れ替えたらどうか（置き換え）、逆にしたらどうか（逆転）、組み合わせたらどうか（結合）だ。それぞれの項目について検証し、アイデアの掘り起こしをめざすのである。

たとえば、数年前に開発されたヤモリテープは、垂直の壁や天井を自由自在に歩くヤモリの足裏の構造を応用した接着テープだ。

このほかにも、ペットボトルを原料に転用したバッグや洋服、無線通信機を組み合わせて安否確認できるようにした電気ポットなど、既存のものから新しいものを生み出した例は数え切れない。

「その手があったか！」と思わず唸りたくなるようなアイデアは、身近なものから生まれていることが多い。ダイヤモンドの原石を見逃して石ころのままにするか、それとも磨き上げて価値を高めるかどうかは、意識の持ち方ひとつにかかっているのである。

香りを活かせれば情報の出し入れも自由自在

ふと懐かしい香りを嗅いで、昔のことを鮮明に思い出した経験はないだろうか。物事とセットになって覚えている香りは、記憶を呼び覚ますきっかけとなるのだ。

香りには脳の機能を活性化させる効果もある。レモンやローズマリーなどには、集中力を高める作用があるといわれており、頭に入った情報を取り出しやすくするためには、この香りの作用を利用するのもオススメの方法だ。

情報の整理作業に香りの力を活かすポイントは、特定の作業と香りを関連させて記憶することだ。その際、嗅覚を最大限に発揮させられる環境を整えるために作業スペースを整頓し、スマホの通知音などは切っておく。

香りの使い方にもメリハリを持たせて、特定の情報とのつながりをはっきりさせればより効果が高い。香りが混ざると効果が薄くなってしまうので、似たような香りを嗅ぎ分けるよりも柑橘やフローラル、ウッディなど、作業に合わせてまったく系統が違う香りを関連づけるといい。

アロマオイルを使ったディフューザーがなくても、火をつけてたくタイプの香なら誰でも手軽に試すことができる。スプレータイプのルームフレグランスや、アロマストーンなども利用できるし、香りの強いハーブティもオススメだ。集中力が高まって整理もはかどるとなれば試さない手はないだろう。

「フレーミング効果」でネガとポジを逆転させる

コップに半分水を入れた状態を半分しか入っていないと表現するか、半分も入っていると表現するかで、受ける印象はガラリと変わってくる。これは心理学で有名な「フレーミング効果」で、同じ物事でも思考の枠組みを変えると受ける印象がガラリと変わってしまうというものだ。

この効果を意識して取り入れれば、モチベーションを維持したり、自分を鼓舞することができる。思考を巡らせるときには、常にポジティブなフレームで考えるようにするのだ。

たとえば、「企画書をボツにされるのはこれで5回目だ。ダメだなあ」と悲観するよりも、「企画書はボツにされたけれど、そのぶん経験値は上がった」と前向きにとらえるのだ。

起きている事象は変わらなくても、とらえ方ひとつでネガティブなイメージは払しょくすることができるのである。

狂っても焦らないスケジュール修正のしかた

締め切りまでに間違いなく仕事を終えることができる完璧なスケジュールを立てても、組織の中で仕事をしていればそのとおりに進むことはほとんどない。

急に1日や2日でやっつけなくてはならない仕事が入ったり、もう終わったはずの仕事の修正が入ったりと、割り込みが入ることはめずらしいことではない。

だからといって、ゴールを1日、2日とずらしてしまうことができればいいが、それができない場合は本来のリミットはそのままにスケジュールを調整しなければならない。

そのためには、本当に必要な部分を見極めることが必要だ。

まず、現実的に見て残された時間でどこまでできるかを考える。そのため削れる部分はどんどん削っていくのである。

その結果、残ったものでリミットに間に合うように時間配分していくのだ。

ただし、どれも必要で削れないという場合は、すべての行程の中から少しずつ時間を短縮するようにする。または、時間で区切って、ひとつひとつの行程を1時間で終わらせるなどと決めるのだ。

プロフェッショナルと呼ばれる仕事ができる人は、スケジュールの調整力が高いことでも知られている。

このような能力を身につけることも、働く意欲をキープすることができるのだ。

前に進めないときの記憶の書き替え方

どうしても仕事が手につかない、しなければいけないことはわかっているのにやる気になれないときがある。

もし、その原因が過去の失敗にあるのなら、思いきって記憶を書き替えてしまえばいい。

たとえば、以前に大きな失敗をしてしまったことが忘れられないのなら、

「あのときの忙しさは尋常ではなかった」

「あの失敗は天候不良が原因だった」

というように、失敗の原因は自分以外のところにあったというように考えてみるのだ。

そうすれば、自分で自分を責める気持ちが薄れていき、今度はうまくいくだろうと思えるようになる。

もちろん、自分の失敗を真摯に受け止めることは大切なことだが、ネガティブな気持ちをいつまでも引きずっているのはよくない。

気持ちを前向きに切り替えるためには、多少の記憶の脚色が必要になるときもあるのだ。

ただ、それがクセになってどんな失敗も自分以外のせいにしていては、ただの信用のおけない人になってしまう。モンスターにならない程度の節度は必要だ。

他人に迷惑がおよばない範囲であればよしと考え、嫌な記憶を振り払って前に進もう。

飽きっぽい自分を制御する「4つのアプローチ」

基本的に人から言われてやる仕事は、よほど情熱を傾けられるものでなければすぐに飽きてしまう。とはいえ、飽きたからといって放り出すわけにもいかないからやるしかない。

そんなやる気の出ない仕事を期限までにこなすためには、自分自身をコントロールするしかないだろう。

とりあえず仕事に取りかかってはみたものの、少し手をつけたらすぐに飽きてしまう――。そんなときには、自分を取り巻く環境を変えてみるのだ。

固定席のないフリーアドレスの会社だったら席を移ったり、そうでない場合はパソコンの向きを変えたりして変化をもたらすだけでも気分が変わる。

また、トイレに行くなどして少し体を動かしてみるのも効果がある。ついでに肩や腕をストレッチしておくと、多少ではあるが疲れも癒せる。

それでも飽きてきたら、思考を変えるといい。ただやらされている仕事と考えずに、この仕事をすることによって自分にプラスになるものは何かを考えるのだ。

しかし、それでもやる気が持続しないときは報酬を与えるしかない。この仕事を終えたら、自分に何かご褒美を与えると決めて紙に書いてデスクに貼っておくのだ。

とにかく、手を変え品を変えながらゴールを目指すのだ。

仕事オンリー状態に自分を追い込む方法

どんな仕事にも期限はある。だから、そこに向かってスタートしなければならないのだが、苦手な仕事だとつい後回しにしてしまう。

結局、いつも追い込まれてから慌てることになり、まわりにも迷惑をかけてしまうことになるのだ。

そういう悪習慣を改めたいと思ったら、仕事をするしかない状態に自らを追い込むのが一番である。

たとえば、ふだんは通勤バッグの中にタブレットや携帯型ゲーム機、ウォークマン、雑誌、文庫本など電車の中での暇つぶしになるものをひとつくらいは入れているはずだ。

これらをいっさい入れずに、仕事に関する資料やコピーだけを入れて持ち歩くようにするのだ。

そうすれば、手持ち無沙汰になったときに、ほかにすることもないのでしかたなく仕事の資料に目を通すことになる。

そうやって強制的に仕事をするしかない状態に追い込めば、少しずつでも前進し、後になって慌てることがなくなるのだ。

とはいっても、仕事をしていれば連絡手段としてスマホは手放せない。でも、誘惑に勝てずにスマホに触ってしまうとこの追い込み作戦は効果が出ない。

どうしてもスマホの誘惑をコントロールできそうにないなら、電話とメール連絡用のガラケーを使うなどして、自分を律することも必要だ。

進まない仕事は「1日数パーセント」だけやる

遅々として進まない仕事をずっと抱えているのは辛いものだ。できればさっさと終わらせてしまいたいがやる気が出ない。

そういう仕事は、「今週中に終わらせる！」などの高いハードルを設定しないことだ。

早く終わらせたいがためにゴールを決めてしまうと、それがまたさらなるプレッシャーとなってしまうからだ。

それよりも、コツコツと積み上げることを繰り返したほうがいい。

一気にやろうと考えるのではなく、毎日5パーセントでも10パーセントでもいいからコツコツとこなしていくのだ。あるいは、1日に15分までなどと決めておくといい。

そうすれば時間はかかってもいつかは必ず終了し、自分の手から離れる日がやってくる。

そのときの解放感を想像しながら前進する力を身につければ、仕事に対するメンタルも強くなるはずだ。

終わりが実感できる「終了見える化」作戦

いっこうに終わりが見えない状態で働くのは、モチベーションを保つうえであまりいいことではない。

やはり、時間とともに抱えている仕事の量が減っていると実感できるほうが、精神的な負担は少なくなる。

「終わった」という感覚を味わうのは、気分にメリハリをつけるためにも大切なことなのだ。

そこで、仕事が終わったことをしっかりと実感できる工夫をするのはどうだろう。

たとえば、会社に出勤したらその日のうちにやらなければならない仕事を紙に箇条書きにする。そして、終わったものから太いサインペンなどでどんどん塗りつぶして消していくのだ。

いわば、終了したことをはっきりと「見える化」していくのである。

達成したものを塗りつぶしていくのはゲーム感覚に似たものがあり、快感でもある。次はもっと早くクリアしようと、モチベーションも高まるはずだ。

特にルーティンの作業が多い事務的な仕事であれば、見える化の効果は絶大だ。早く全部消してしまいたいと思うから、ひとつひとつの仕事が確実にスピードアップする。

達成感を得ることで、仕事に対する気持ちは大きく変化するのである。

期待に応えて成果を出す自己演出の「ピグマリオン効果」

取引先や上司の前でプレゼンすることになったり、リーダーに抜擢されてチームをまとめる立場になるなど、組織の中ではプレッシャーに押しつぶされそうな役が回ってくることがある。

そういうとき、自分にできるだろうか…などと不安な気持ちを抱え込んでしまうと、本来だったら出せる力まで出せなくなってしまう。

そこで、このようなプレッシャーを乗り越えるには、まず「こうありたい」と思う自分を思い描いてみるといい。

たとえば、緊張をしながらでも理路整然とプレゼンをする自分の姿や、チームの1人ひとりに的確な指示を出して仕事をまとめ上げていく自分などだ。

人前に立ったときの話し方や姿勢をどうするか、そして話の中身はどんなものにするか…。明確なイメージが湧いたら、そんな自分になるために自己演出するのだ。

このように具体的なイメージを膨らませていくと、イメージ通りに動くためには何をどのように準備すればいいのかも見えてくる。

また、自己演出することで「自分はできる」と自分自身に期待できるようになるのだ。

そうなれば、期待されるとその通りの成果が出せるという「ピグマリオン効果」によって、思い通りの成果を上げることができるのである。

「鏡のトリック」で不安や焦りを跳ね返す

イライラや不安、焦りなどで気持ちが乱れて仕事が手につかないことがある。

そんな心を落ち着けたかったら、本来ならその原因になっている問題を根本的に解決するのがいいのだが、現実には時間的にもそうはいかないことのほうが多い。

そういうときには、心を整えるために「鏡のトリック」を使ってみるといい。暗い気持ちに支配されていると感じたら、鏡に自分の顔を映してみるのだ。

きっとそこには硬直してこわばり、眉間にシワが寄った暗い表情の自分がいるに違いない。表情には、その人の内面が表れるからだ。

あまりにもいつもの見慣れた顔と違うので、愕然としてしまうかもしれないが、なぜこんな顔をしているのだろうと思うと、少しでも明るい表情をつくろうとするはずだ。

じつは、それこそが鏡のトリックのなせるワザで、鏡は自分の気持ちをコントロールするのに役立つのだ。

多少強引であっても、明るい表情をつくってみると暗い気持ちが少し晴れてくる。さらに「大丈夫」「落ち着いて」と自分に語りかけることで、徐々に落ち着きを取り戻すことができる。

そうしておいてもう一度仕事と向かい合えば、心にゆとりを持って取り組むことができるはずだ。

ネガティブ思考でリスク管理する

ポジティブ思考や前向きな考えが評価される世の中だから、根っからのネガティブ人間を自認している人にとっては、何かとプレッシャーに感じることも多いだろう。

しかし、けっしてネガティブ思考が悪いというわけではない。

物事を悪いほう悪いほうへと考えてしまう人は、最悪の事態が起きることを常に想定していると同時に、無意識のうちにリスクを回避しようとする防衛本能を働かせているからだ。

たとえば、何の問題もなく順調に進んでいるように見える業務ひとつをとっても、「もしも災害で大停電が起きたら…」とか「何らかの理由でスタッフがいっせいに辞めてしまったら…」などと想像し、その場合にどう手を打つかを考えたりする。

つまり、前ばかり見ている人や失敗することを想定しない人には、思いもよらないような対策を常に頭の中でシミュレートしているのである。

ポジティブ思考の人にすれば、いつ起こるか、実際に起こるかわからないような悲観的なことを考えているよりも、業績を上げるほうに注力しようと考えるだろう。

しかし、不測の事態が起きてしまったときにパニックにならないためにもリスク管理は大切だ。

逆にポジティブ思考な人は、ときには物事をわざと悲観的になって見るようにするとバランスのいい仕事ができるようになるだろう。

気持ちがふさいだときのための「3つのスイッチ」

誰でも落ち込むことはある。失敗したときや思いどおりにいかないときは、気持ちの整理がつかないものだ。そんなときは、3つのスイッチを切り替えればいい。

まずは「時間のスイッチ」だ。今は目の前の失敗しか見えていないが、しかしこれからの長い人生と比べれば、それは何十年の中のほんの一瞬でしかない。いつか必ず「あんなこともあったな。あれは貴重な経験だった」と思い返すときがくるのだ。時間を味方につけることで、「今」という一瞬をやり過ごすことができるのだ。

次は「視界のスイッチ」だ。落ち込んでいるとき、人間はとかく視野が狭くなる。「なぜダメだったのだろう」「自分のどこが悪かったのだろう」と手元ばかりを見て頭を抱える。そこで、大きな視野で全体を見て気分を変えるのだ。そのためには上司や同僚の意見を聞くのもひとつの手だ。まったく違った視点で物事を見てくれるので、それがきっかけで目の前が開けることもあるのだ。

最後は「役割のスイッチ」である。なぜうまくいかなかったのかを他者の視点から考えるのだ。「視界のスイッチ」と異なるのは、他人に意見を聞くのではなく、自分自身がその立ち位置を変えて全体を見直すという点である。いわゆるロールプレイングである。

立ち位置が変わることで全体像が違って見えてきて、気持ちが切り替わる。「落ち込んでいる今の自分」を離れることで、新しく生まれ変わるほどの新鮮な視点と気分が手に入るのだ。

上を向くための「本当にやりたいことリスト」

仕事が行き詰ったり、マンネリになったりしてまったく進まなくなるときがある。気分転換をしてリフレッシュすればいいのだが、それが意外とむずかしい。人間は、いきなり仕事から離れて違うことをやれと言われてもすぐにはできないものだ。

そんなときのために、ふだんから「やりたいことリスト」をつくっておいて、気分転換したいときに活用するといい。

たとえば、簡単に読めるエッセイ集を用意しておき、それをひとつだけ読む。行きつけのカフェに行って顔なじみのマスターと世間話をしたり、近くにペットショップがあれば犬や猫を眺めに行く、大好きなアーチストの新曲を聴いたり、丁寧に時間をかけて自分でコーヒーを淹れる、など何でもいいのだ。

大事なのは、本当に自分が興味があり、好きなことだということと、そして10分か20分程度でできることである。

何といっても自分が夢中になって没頭できることでなければ、気分転換にはならない。あまり長時間かかることでは仕事に支障が出るし、逆に仕事にすんなり戻れないこともある。ほどよい時間で切り上げることができるのがコツである。

ちなみに、1時間以上かかるような気分転換をリストに書き加えるのもいい。それは退社後や帰宅してからの気分転換のためで、その日の疲れとストレスを翌日に残さないために、就業後のリフレッシュも確実にやり遂げたいものである。

Chapter2

結局、「直感力」のある人が結果を出している

ひらめきの条件は「豊かな土壌」と「リラックス」

試行錯誤しているうちに八方ふさがりに陥ることがある。何かいい解決策が天から降ってこないかな、などと思わず神頼みになってしまうかもしれないが、わざわざ待っていなくても高い確率でひらめきを導くことができるのだ。

条件は2つで、「豊かな土壌」と「リラックス」だ。

日頃から考え抜いたうえで可能な限りの情報やデータを集めていれば、ひらめくための土壌はすでにできている。そこに、脳のリラックスした状態が重なれば、ふっとひらめくような直感を働かせることができるのだ。

いっこうに事態が進展しないときは、もうこれで手詰まりかと悲観してしまうかもしれないが、じつはそんなときこそチャンスなのだ。あれこれ考えたり調べたりしているうちに、確実に思考の〝土壌〟は豊かになっている。あまりに考えすぎてまわりが見えなくなり、フリーズしてしまっているにすぎないのだ。

そこで、いったんその考えを手放し、体を動かしたりお茶を飲んだりして頭を休める。できるだけその場を離れて、リラックスできるように心がけるのだ。クールダウンできれば、狭くなっていた視野が徐々に広がっていくはずである。

そうしてこの2つの条件がそろったところで、もう一度思考を巡らせてみてほしい。すると、意外な突破口が見つかったり、新しい着眼点が見えたりするのである。

自分の過去を変えて発想の引き出しを増やす

努力すればたいていのことはどうにかなるものだが、どうにも変えようがないのが過去である。過去のできごとというのは、いいことも悪いことも変えることができない。

現在の自分というのは、いわば過去の自分がつくり上げたものだ。どのような体験をしたか、どんなふうに考えて生きてきたかということが10年、20年経って思考や行動に大きな影響を与えているのだ。

当時は辛かったことでも、苦労したという経験は発想の引き出しを増やし、直感やひらめきを生む土台となってくれるのだ。

もし、面倒なことを避けて生きてきたという自覚があるとしても、いまさら悔やんでみても始まらない。過去は変えられないが、挽回のチャンスはあるのだ。

いま、この瞬間も、次の瞬間にはすでに過去になるということを考えれば、これからの過去は意識的に変えていくことができるということになる。

苦労をするといっても大げさに考える必要はない。

たとえば、調べ物ひとつにしてもスマホで検索して終わりではなく、図書館や書店に足を運んだり、人に話を聞いたりしてみる。手を動かし、足を使い、頭を使ってこそ、知識や情報を肥やしにしていくことができるのだと意識すればいい。

この先の人生において、いまが一番若いときだ。面倒がっていたら自分を成長させることはできないのである。

「偶然」は気の持ち方ひとつで「必然」に変えられる

タナボタとかラッキーだとかいうのは、偶然のできごとのように聞こえるが、必然という側面もある。起きるべくして起きる幸運というものも多いのだ。

たとえば、今日読んだ雑誌にたまたま小さなコラム記事を書いていたのが、今回の企画にぴったりの専門家だったとする。

そのコラムが掲載されているのを知っていて狙って読んだわけではないので、偶然記事を見つけたという考え方をすればただのラッキーなできごとにすぎない。

しかし、その雑誌を読んでいたのも、小さなコラムにまで目を通したのも、情報収集に対する意識の高さがそうさせているとしたらどうだろう。その雑誌は関連情報が掲載されているものだったかもしれないし、流し読みせずにきちんと目を通したから記事を見つけたのかもしれないのだ。

自分のまわりに常にアンテナを張っていることで、関連する情報は目につきやすくなっている。つまり、出会うべくして出会った必然ともいえるのだ。

どんなラッキーなできごとが起きても、それに気づかなければ取り逃してしまう。小さなきっかけを見逃さなければ、タナボタにありつける確率もグッと高くなる。

常にギラギラとして探す必要はないが、頭の片隅に意識を残しておくことで偶然を必然に変えることができるのである。

ギャップ・トラブルを回避するただ一つの方法とは

世代間ギャップというものがある。年代によって生きてきた時代背景が違い、そのせいで思考や行動、価値観にギャップが生まれるのだ。

しかし、ギャップの原因は年齢だけではない。極端なことを言えば、育った家庭が違えばそこにはたとえ小さくてもギャップは生まれるのである。

ギャップがあるからこそ楽しいのだという面もあるが、とくにビジネスシーンではギャップについての意識が低いとトラブルが生じてしまう。

〝あなたの常識は、私の非常識〟というように、話の大前提となる常識が違えば、とらえ方はまったく変わってしまうからだ。

解決策はただ一つ、丁寧に確認することだ。言わなくてもわかると思っていることを一から疑ってかかるのである。

とくにつきあいが浅い相手なら、しつこいくらいに確認し、互いの意識をすり合わせていったほうがいい。

バカ丁寧にやり過ぎてかえって失礼にならないように注意する必要はあるが、細かく確認させてほしいということを前もって断っておけば、誠実な印象を与えられるだろう。

そうすれば結果的に互いの意見を整理できるし、齟齬が生じなくなる。人間関係とは異文化コミュニケーションのひとつなのだと覚えておきたい。

武器にも足かせにもなる「マンネリ」化を打破する！

仕事の経験が長くなれば、スキルは身につくし人脈も増える。失敗を重ねたぶん、自分にとっての勝ちパターンのようなものも生まれるだろう。オフィス勤めの人なら役職にも就いて、順風満帆といった具合かもしれない。

しかし、そこにはマンネリという大きな落とし穴がある。もはや日々の業務や会議すらルーティンワークと化して、新しい発想はもちろんのこと疑問すら持てなくなってしまうのだ。

慣れたやり方というのは、たしかに失敗するリスクは少ないが、フレッシュさや斬新さは失われてしまう。失敗できない場面や信用を第一に考えるケースではマンネリは安定感というメリットになるのだが、それだけでは革新や成長は望めないのだ。

常に成長し続けたいという意識があるなら仕事に慣れてきて自信がついてきたときこそ、マンネリ化していないかということを疑ったほうがいい。手堅い結果を出せる一方で、果敢に攻められなくなってはいないだろうか。

仕事の手順や思考のルートがどこかで見たようなものになっていたら、もう一度初心に帰って考えてみる。本当にほかのやり方や考え方はないのか、めざしている着地点がベストなのかをあらためて検証したい。

マンネリが武器になることもあれば、それが足かせになるときもある。どちらがいいのか見極めて使い分けていくべきなのだ。

「直感力」は誰でも鍛えることができる！

勝負ごとにしてもビジネスにしても、直感の持つ威力にはあなどれないものがある。

野生の勘とも思えるセンスを発揮して、天性の勝負強さを発揮しているように見える人もいるが、直感というのは多くの場合、何もないところにいきなりひらめいているわけではないのだ。

「直感力」とは無縁と思っている人でも、直感を働かせて毎日を過ごしている。たとえば、いくつかの選択肢が示されたとして、最終的にどれを選ぶか決めるとする。情報の信頼性やリスクの程度、周辺状況などを背景に最善だと感じているものを選んでいるはずだ。

つまり、さまざまな条件を踏まえて、直感力を働かせて選び取っているのである。

勘がいい人というのは、言い換えてみれば状況判断に長けていて、瞬間的に迷いなく決定できる人なのだ。

この直感力を鍛えたいと思うなら、直感を働かせるための素地をつくらなければならない。それは経験や情報収集力、周囲への感度の高さからつくられるもので、一朝一夕に得られるものではない。

天才は99パーセントの努力と1パーセントのひらめきと言ったのは発明王のエジソンだが、かの天才をもってしても、努力なくしてひらめきを得ることはできなかった。

凡人であるなら、たゆまぬ努力を続けてこそ、ここぞというときの直感力を身につけることができるのである。

右脳を働かせたら「なんだか…」という勘を鍛えられる

好きとか嫌いという感情は、理屈で説明できるものではない。

そもそも人間の感情で、うまく言葉にできるものはそれほど多くないのかもしれない。「なんだか嫌だ」とか「理由はわからないけどいいかも」と、感覚的にしか説明できないものも多いし、そのほうが強い威力を持っていることがある。

言葉にできず、理屈も通じないという感覚を鍛えることができるのかと聞かれたら、答えはイエスだ。この感覚は、右脳がつかさどるもので、五感を研ぎ澄ませることでより鋭敏に働かせることができる。

五感のうちでも大切なのは触覚、嗅覚、味覚の3つだ。実際に触って、匂いや味を感じると、その感覚は強烈な印象になって残る。たとえば、果物の写真を見たり辞典で調べたりしていくら詳しくなったと思っても、実際に手に取って香りを確かめ、味わうことで得られる印象の強烈さは一瞬ですべてを凌駕してしまう。

言葉で記憶したものではない以上、整然とした記憶ではないのだが、これこそが「なんだか好き」「嫌い」という感覚の根源にあるものなのである。

理性的な判断が必要なこともあれば、勘に頼るべきときもある。とかく理屈っぽくなってしまいがちな人にとっては、持てる五感をフル活用して皮膚感覚を鍛えることでバランスのいい判断が可能になるのである。

映画を見て語るとなぜ伝わるのか？

インプットした情報をそのまま頭の中に温存してしまったら、じつにもったいない。誰かに伝えることで、蓄えらえている情報が自然と整理されて使いやすいものになるからだ。

たとえば視覚から得た情報は、そのまま覚えていたとしてもうまくアウトプットできない。いざ使いたいときにわかりやすく伝えるためには、それを的確に言葉にして順序立てて説明できなくてはならないのだ。

そのためには、映像を記憶したら繰り返し説明するクセをつけておきたい。あくまでも思考にクセをつけるためなので、気に入った映画の印象的な場面を家族や友人に説明したり、写真や絵を見てそのよさを伝えるという方法でもいいだろう。

大切なのは感想を伝えるのが目的ではなく、どんな場面や映像なのかを正確に伝えるということだ。映画を見てどう思ったかではなく、印象に残った場面をできるだけ詳細に描写して理解してもらうのである。

パッと見てイメージで記憶しているだけでは、うまく説明できないはずだ。それに気づけば、理解しやすいような表現を探したり、付帯する情報を仕入れたりという作業ができる。何となく理解しているだけではわからなかった、情報の穴が見えてくるのだ。

この作業に慣れれば、「見たことを整理して的確に伝える」という流れが身についてくるだろう。

白紙のノートが最強の情報整理ツールになる!

デジタル全盛の昨今である。情報やアイデアを記録するには、スマホやパソコンを使ったり、音声データで記録したりという人も多いだろう。

しかし、アナログなツールも使いようで、紙に手書きでメモをするという作業にはほかに代えがたいメリットがある。特におすすめなのが、罫線の入っていない白紙のノートである。

情報やアイデアは、初めから筋道だった状態で得られるわけではない。ちょっとしたフレーズが不意に浮かんできたり、断片的な情報が細切れに入ってくることも多い。

まとまりのないフレーズは、できるだけ自由度の高い記録媒体のほうがかまえることなくどんどん記録できる。

白紙のノートなら、思いついたことや情報をその都度メモをすることができる。さらに新しいものを得たときには、矢印を引いたり色づけをするなどして自由に書き加えていけるだろう。

もちろんパソコン上でもできることだが、ノートなら作業する場所や時間を選ばない。カバンに1冊入れておくことで、ネタが新鮮なうちに記録することが可能になるのだ。

日々の生活の中で思いついたことや目についた情報を、まずはひたすらメモしていこう。それを1日分、2日分と決めて振り返るといい。書き留めたことを見直して整理するうちに、さらなるアイデアや好奇心が湧き出てくるはずである。

捨てられた意見にこそアイデアの芽が眠っている

多数決というのは比較的公平な決め方としてあらゆる場面で取り入れられている。しかし、公平ということばかりを考えて、少数意見に潜む真実や可能性を見過ごすことになりかねないのが多数決の難点だ。

多数派の意見というのは比較的保守的であり常識的なもので、そこにはユニークさや独創性とは無縁のものが多い。斬新なアイデアや着想を得たければ、目を向けるべきなのはむしろ少数意見のほうなのだと覚えておきたい。

ビジネスシーンにおいても、多くの人が手に取るような製品や賛成する意見ではなく、無名の製品や却下された意見にこそ意識を向けてみたい。

そこには、少し視点を変えるだけで面白くなるような素材や、万人受けしないかもしれないけれどほかとは一線を画すようなアイデアの芽が眠っているかもしれない。

大多数の人と同じことをして同じ意見を持っていても、その他大勢から抜け出すことはできない。革新的な起業家やアイデアマンとされる人たちには、その独創性のせいで変わり者や偏屈な人物だと揶揄されていた人が多いのだ。

斬新な発想力を身につけたいなら、当たり前とされていることを疑わなければならない。リスクを承知で動かなければ、周囲に先んじることはできないのだ。

「同質の音楽」を聞いてやる気をみなぎらせる

無料動画投稿サイトには、「作業用ＢＧＭ」というタイトルの動画がある。

聴いてみると、どれも耳に心地いい音楽でたしかにＢＧＭにはもってこいなのだが、やる気を出すためには必ずしも誰の耳にも心地いいＢＧＭがベストというわけでない。

カフェで流れているような音楽が今日はどうもしっくりとこないのは、自分の気持ちと合っていないのが原因だ。

万人から支持される音楽よりも、そのときの自分の心理状態に最も近いリズムやイメージの音楽を選んだほうが仕事の効率は上がることがわかっている。

これは「同質の原理」といって、自分の気分と同質の音楽を聴くことで精神状態を落ち着かせることができるからだ。

たとえば、ダメ出しをされて落ち込んだ気持ちを抱えながら仕事のやり直しをするときに、ポップで明るい音楽を聴いても気持ちと合わない。

それよりもその沈んだ気持ちに合わせて、暗く切ないベートベンや、厳かなドヴォルザークのシンフォニーなどがおすすめだ。

とにかく、いまの自分の気持ちと波長が合うものを選ぶといい。

そして、徐々に軽めの音楽にしていくのがコツだ。

そうすれば、波長に合わせて気持ちを上げていくことができるのである。

Chapter 3

クレバーな「判断力」はクリアな頭に宿る

決断力を手に入れるためには まず合理性を手に入れる

合理的と言われると、冷たいと評価されたに等しいようで複雑な思いを抱くかもしれない。しかし、合理性とは決断力を大きく左右する重要な能力なのだ。

好むと好まざるとにかかわらず、人生は決断の連続だ。今日は何を着ていくか、何時に家を出るか、昼食は何を食べるかなどという些細なことから、就職や転職、結婚や離婚といった重要なことまで、毎日数え切れないほどの決断をして生きている。

その「決断力」に欠かせないのが、「合理性」ということになるのだ。合理性が高ければ、とっさの判断でも大きく外すことがないといってもいい。

合理性とは、ムダがなく論理的なことで、目的に合わせて鍛えることができる。ビジネスに対する決断が必要だとしたら、ビジネス書を読んだり識者の話を聞いて学ぶことで、より合理的に動くことができるだろうし、判断を誤ることもないはずだ。

決断力を構成するそのほかの要素には、倫理観と感情があるのだが、これらは長年かけて育まれてきたもので一朝一夕に変えることはできない。それに比べて合理性というのは意図的に身につけやすいスキルなのだ。

３つの要素のバランスは何より大切なのだが、的確な決断を下すためにはまず後天的に身につけやすい合理性を鍛えるのが早道なのである。

仮説の段階であえて見切り発車する

物事をじっくりと考えるのは大切なことだ。「急いては事をし損じる」「急がばまわれ」など、拙速になることを諌めることわざも数多い。

しかし、スピード社会の中で生きている以上、やみくもに時間をかけてはいられないというのも現実だ。

それに加えて、たとえどんなに完璧に準備しても、不測の事態は起こりうる。慎重になりすぎて踏み出せなくなってしまっては、いたずらに時間ばかりがかかってしまうのである。

もし、作業にスピード感が足りないと感じたら、とりあえずの仮説を立てて見切り発車をしてしまおう。見切り発車といってもあてずっぽうではなく、それまでの段階でわかったことを踏まえたうえで仮説を立てるのだ。

あくまでも仮説だという断りを入れておけば、もしそれが間違っていてもダメージは抑えられる。作業をこなしていく中で修正が必要になったら仕切り直せばいいだけだ。

いったんスタートしていることで、取りかかりが遅いというイメージは回避できている。ある程度の根拠に基づいて立てた仮説なのでまったくの見当外れということもないだろうし、スタートが早ければ修正する時間も十分にとれる。

日頃から慎重になりすぎるという自覚があるとしたら、見切り発車くらいでちょうどいいかもしれない。

作業の〝間引き〟は効率化の鉄則

何から何まで完璧に仕上げようと思っても、現実的にはうまくいかないことのほうが多い。あれこれ手をつけることで、かえって中途半端な結果になってしまうことにもなりかねないだろう。

そもそも、多くの案件を抱える忙しい人にこそ必要なのが、作業の間引きだ。すべての作業に１００パーセントの力を注ぐのは無理なのだから、いっそのこと必要性の低いものはやらないことも選択肢に入れてしまうのである。

まず、白紙のノートに抱えているタスクをすべて上げてみる。案件ごとに場所を分けて、箇条書きで書き出せばいい。そこからまず、優先順位の一番高いものを赤色のペンで囲んでいくのだ。すると案件ごとの最重要課題がひと目で見渡せて把握できるはずだ。

次に、案件ごとに特にやる必要のない作業を二重線で消す。一歩引いて見れば、それほど意味がないことや、やらなくても大勢に影響はないということがあるはずだ。その作業を間引くだけでも負担はぐっと減るだろう。

自分の体はひとつしかない以上、同時に抱えられる作業には限りがある。ひとつずつでも確実に終えて、次の作業に取りかかるほうがはるかに効率がいい。

進行中の作業から必要がないものを間引き、優先順位の高いものから処理するという鉄則を守るだけでも、仕事が整理されて効率よく動けるようになるのである。

優先順位をつける前に「大前提の条件」を確認する

行きつけの食堂で同じメニューを見ても、その日の体調や気分によって違うものが食べたくなるものだ。

同じように、抱えている作業についても条件が変われば優先順位が変わってくる。

前回と同じような作業だとしても、納期やコスト、人員配置、関連部署や取引先との関係性などによって、何に重きを置くかが変わる可能性があることを意識しておかなければならない。

多くの案件を抱えているのに、驚くほどスムーズに仕事を進められる人というのは、優先順位を決める条件をしっかりと把握して行動している。いったんそれがずれてしまったら、いくら作業を進めても結果に結びつかなくなってしまうからだ。

作業に取りかかるときには、何を優先するかを考える前に、まず優先順位を決める条件は何かということを改めて確認したい。

しかし、経験を積んで作業に手慣れてくる頃になると、優先順位を間違えるというワナに陥りやすい。目的は何か、プロジェクト全体の中でどんな役割があるのかなどを考えれば、重要視しなければならないことはおのずと見えてくるはずだ。

いくら効率よく作業をこなすことができても、大前提となる条件が間違っていたら元も子もない。忙しいときほど、思い込みで突っ走らないようにクールダウンしてから物事を進めるクセをつけておきたい。

付せんとノートで頭の中の情報を可視化して整理する

同時にたくさんの作業をしているときや、情報が多いときには、頭の中を整理しておかなければいらぬトラブルを招きかねない。ただし、頭の中を整理するといっても、実際に見えるわけではない以上、なかなかすんなりとはいかないものだ。

そんなときに最初に行うべきは、可視化だ。頭の中にある情報や作業リストをすべて書き出してみるのだ。使いたいのは付せんで、自由に貼ったりはがしたりできるというのが最大のポイントだ。それを白紙のノートなどに貼っていけばいい。

イメージは、パソコンのデスクトップにあるフォルダとファイルの関係で、付せんに書き出したものを関連のあるものは同じスペースに集めて区分けする。これで、頭の中にある作業リストを可視化できたことになるのだ。

可視化したことで、必要かどうかを改めて判断したり、この区分けでいいのかということを確認したりという作業がやりやすくなる。不要なものを捨てて、並べ替えも終わってスッキリと整理することができたら、今度はその状態のまま意識に残しておく。頭の中の情報を取り出して整理し、再度インプットするのだ。

このやり方に慣れれば、わざわざ書き出さなくても頭の中ですべての処理ができるようになる。そうなれば情報をインプットするときにそのまま適切なフォルダに保存できるので、常に頭の中をスッキリと整理された状態に保つことができるのだ。

与えられた選択肢を疑って よりいい選択肢を提示する

いくつかの選択肢を提示されてそれを選ぶという局面はよくあることだ。ＡかＢか、あるいはＣか、考えられる状況や可能性を踏まえて、よりいいものを選択していくのが一般的だろう。

しかし、これでは当たり前すぎて何か物足りない。よりいい結果を生むためには、そもそも提示された選択肢が適切なのかどうか、その中から選ぶことが本当にベストなのかということも考えてみたほうがいいのだ。

たとえば、「カレーか焼きそば、どちらが食べたい？」と聞かれたとしよう。カレーも焼きそばもフライパンひとつですむ比較的簡単な料理だ。つまり、背景にあるのは簡単な料理ですませたいという真意があるとも考えられる。そこで新たな選択肢として、煮込みうどんやチャーハンなどを増やしてもいいかもしれない。

さらには視点を変えて「カレーを私がつくります！」という提案をすることもできる。簡単な料理ですませたいということは、疲れているとか忙しいという何らかの理由があるはずで、それに気づくことができたらよりベターな選択肢を提示することもできるというわけなのだ。

すでにある選択肢の中から選ぶということに縛られていたら、それだけで発想の自由は奪われてしまう。提示された選択肢が唯一絶対のものだというルールがない以上、本当のベストは何なのかという視点で考えたほうがいい。

大きな問題は“切り分けて”攻略する

大きな仕事は重なるもので、気づいたら自分のキャパシティーを超える仕事量を抱えてしまっているという経験はないだろうか。当然、それぞれにタイムリミットがある以上、いったいどうやって片づけたらいいのかと途方に暮れてしまう。

そんなときにおすすめなのが、大きな仕事をあえて細かく分けて、それぞれの作業量を小さくすることだ。

ひとつひとつの山を低くすれば、モチベーションも維持できる。

しかも、小さな山をいくつも越えていくうちに、いつの間にか大きな山を越えられるというのがこの方法のミソなのだ。

これは、ウィクスレイとボールドウィンという心理学者が提唱したスイス・チーズ方式と呼ばれる問題解決法で、大きなチーズの塊も小さく切り分けておけば食べ切ることができるように、大きな問題も小さく分解してしまえば処理することが可能だという考え方に基づいている。

自分のキャパシティーを超えるような仕事量では、全体を見渡すこともままならないかもしれないが、小さく分解すると全体を把握しやすくなり、優先順位やすぐに取りかかる必要のないこともはっきりと見えてくる。ひとつの作業にかける負担が小さくなれば、自分でやる必要のないことはほかの人に頼むこともできるだろう。

全体像を把握するために、あえて細かいところからじっくりと攻めていくのもひとつのやり方なのである。

正常性バイアスに気づいたらいったん〝立ち止まる〟

「正常性バイアス」をご存知だろうか。簡単にいえばストレスを回避するために自分は大丈夫と思い込む心理なのだが、このせいで詐欺にあったり災害に遭ったときに逃げ遅れたりするやっかいな側面も持っている。

仕事をするときもこの正常性バイアスが働いてしまい、軌道修正が遅れたり、撤退時期を見誤ったりすることがある。

「このまま続けてもコストがかさむばかりで結果が出ないのではな

いだろうか…」

たとえばそんな疑念が頭をかすめても、正常性バイアスが働いた結果、計画通りに進んでいるのだから大丈夫なはずだと思考を停止してしまうのだ。

この正常性バイアスがもたらす悪影響を防ぐためには、違和感があればとりあえず立ち止まることが重要だ。その感覚を無視して走り続けたら、引き返せないところまで進んでしまう恐れがある。

正常性バイアスが働いていても、心のどこかに間違っているかもしれないという疑念は必ず生まれているものだ。その場でやり直すことは無理でも、立ち止まることさえできれば冷静に判断するチャンスに出会えることになる。

いったん立ち止まったら、改めて正しいやり方を探ればいい。たとえ回り道をしたとしても、それ以上進まなければそれ以上の被害を未然に防げるのだ。

成功体験はなぜ失敗の原因になるのか？

経験を積むということは代えがたい財産になる一方で、過去の成功事例がかえって失敗を生むという結果になることもある。

手痛い失敗を繰り返してきたからこそ、成功体験というのは強烈に心の中に残るものだし、経験者として語るべきものがあるというのは気持ちがいいものだ。

しかし、現在取り組んでいることに過去の図式を当てはめて、まったく同じやり方をしてみても成功するとは限らない。なぜなら、時期や関わるメンバーなど、同じような案件に見えても中身はまったく違ううえに、とりまく状況が１８０度違っているということも珍しくないからだ。

もちろん、過去の事例を参考にするのは役に立つことだが、それに固執してしまったら今度は失敗する可能性が高くなる。

過去に成功したやり方を踏襲することは、失敗したくないという気持ちの表れだが、そのせいで失敗するリスクが上がるというのは皮肉でしかないだろう。

うまくいったあのときとは何が違って、何が同じなのか、踏襲できる部分とできない部分をそれぞれ見極めてみたい。それができてはじめて、成功体験を糧にすることができる。

過去の成功にしがみついていたら、それ以上の成長は見込めない。蓄えてきた成功の図式は、比較検討する事例の一部くらいに考えておく程度でちょうどいいのかもしれない。

トラブルが起きたら何はさておき書き出してみる

ビジネスに失敗やトラブルはつきものだ。ピンチのときほど自分の力量が問われるもので、災い転じて福となすことができれば、その後の評価もぐっと上げることができる。

トラブルが起きたら、まずクールダウンをするのが第一歩だ。そのために役立つのが、考えられる原因や起こりうる影響まで紙に書き出すことだ。

紙に書くためには当然、言葉にしなければならないので、うまく言い表そうとして言葉を探すうちに少しずつ冷静さを取り戻せるはずだ。

さらに、漠然と不安に思っていたことが、それほど大きな影響がないことがわかったり、ささいなことだと感じていたことが、案外深刻なものだったりと、トラブルの本質を整理するのにも役に立つ。

たいていの場合、冷静に対処することができれば被害は最小限に食い止められる。もし手に余ると判断したら、同僚や上司に助けを求めればいいし、自分で処理できることでも最低限の関係者には報告をしておいたほうがいいだろう。

一番やってはいけないのは、冷静さを欠いたまま一人で解決しようとすることだ。結果的に事態は悪化し、手の施しようもない状況になってから発覚するというオチまでついてしまう。

頭の中であれこれ考えて不安になっていても意味がない。降りかかった災難の全体像を把握することが最善の方法なのである。

「過剰行動」を減らして計画通りに仕事をこなすには？

いまはインターネットにつながったパソコンやタブレットさえあれば、どこにいても仕事ができる。そのおかげでオフィスに縛られることがなくなった反面、自分をコントロールすることが難しいと感じている人は多いのではないだろうか。

やらなければならない仕事はたくさんあるのに、つい関係のないサイトの閲覧やオンラインゲームにふけってしまい、気がつけば何時間も経っていたということもあるだろう。だが、後悔しても時間は戻らない。

このように目標達成のために必要なのにできていないことを「不足行動」といい、反対に目標達成に必要ないことをやりすぎることを「過剰行動」という。

仕事が進まないストレスをなくすためには、まず過剰行動を減らし、不足行動を増やすのが一番なのだが、過剰行動には「おもしろい」「楽しい」「刺激的」など抗いがたい魅力がある。

だからこそ、過剰行動になってしまうのだ。

そこで、それをグッと我慢するためには、やはり〝ニンジン作戦〟が効果的だ。

我慢して仕事を終わらせれば、思いっきりゲームをしてもいいとか、カフェでスイーツを食べていいなどご褒美を用意する。

どれだけ仕事をするか、ご褒美を何にするかも自分で決め、自分で実行する。これを継続すれば自己管理ができるようになるのだ。

“当たり前”を増やすにはイヤイヤでも「3週間続ける」

どうしても仕事に時間がかかってしまうという人は、書類やデータを整理することが苦手なことが少なくない。

きちんと整理と分類がなされていればスムーズに運ぶのに、それができていないからデスクの上の書類の山を捜索したり、あちこちのファイルを開いては検索することから始めなくてはならないのだ。

自分は“片づけられないタイプ”などと決めつけて改善せずにいたら、探すことだけで時間を浪費するような人生になってしまうのだ。

このような自分の苦手とするものを得意なことに変えるのは難しいが、体に覚えさせることは可能である。

まず、分類ファイルを用意して資料を内容ごとにファイリングし、使った資料は元の場所に戻すということを「3週間」続けてみる。いつも目にするカレンダーに印をつけながら3週間、貫徹をめざすのである。

使ったものを元に戻すことに大した手間はかからない。時間にしても数秒のことだ。どんなに忙しくても必ず実行することを自分に課すのだ。

これをイヤイヤながらも3週間続ければ、それはしだいに習慣化されていき、「イヤイヤ」が「当たり前」になっていく。

それによってムダな時間もストレスも大幅に減らすことができるのだ。

絶好のタイミングとの出会いは「継続」することで生まれる

バッターボックスに立っているバッターが何度もファウルを続けている。そんなとき、実況アナウンサーは「なかなかタイミングが合いませんね」という言い方をし、バッターは、なんとかしてボールとタイミングを合わせようとしてバットを振っている。だからこそ「タイミングが合わない」と言えるのだ。

もしもバットを振らずにただ突っ立っているだけなら、タイミングを合わせにいこうという意志がないということになる。

そこには、タイミングというものの本質がひそんでいる。

絶好のボールがくるかどうかはピッチャーしだいだ。バッターが自分で意図して決めるわけではない。だからバッターは、いつ最高のボールが来てもいいように、常に身構えてベストの状態を維持している。それが重要なのである。

つまり、維持しているからこそ、ベストのタイミングがやってきたときにベストな対応ができて最高の結果が出せるのだ。

起業家として成功した人も同じことを言う。頭の中にいくらすばらしいアイデアがあっても、自分から行動を起こし、いつでも起業できる状態を継続しておかなければ何の意味もない。つまり、いざというときに行動を起こせないというわけだ。

最高のタイミングが訪れたとき、そのタイミングを最大限に生かすためには、継続することが絶対条件なのである。そうすれば、絶好のタイミングは向こうからやってくるのだ。

特集1

簡単に頭を整理する〝スッキリ環境〟の作り方

<文房具・ノート編>

山のように積み重なった書類の整理もそうだが、頭の中を整理整頓するのになくてはならないのが文房具やノート類だ。ファイルやメモ帳ひとつをとっても、その使い方しだいで仕事の能率は格段に違ってくる。毎日使う必需品だけに、最新の使い方を身につけておくだけで大きな差をつけられる！

STEP1

ファイリング力

必要なときにサッと使える「書類整理」の鉄則

放っておくとたまる一方の書類や名刺、いつか仕事に役立つだろうと切り抜いた新聞や雑誌などの多くの情報——。これらを効率的に管理するための、ビジネスの基本となるファイリング術を伝授しよう。

重要な情報だけをストックできる「網の目スクラップ法」

●スクラップする習慣を身につける方法

新聞や雑誌などで気になった記事は、目にしたそばから切り抜いてスクラップしておかないと、いつの間にかどこかに埋もれてしまったりする。あとから「あの情報、やっぱり使いたいな」と思い返したときには、あとの祭りである。

そこで、いつでもどこでもスクラップできるようにハサミとテープのりを携帯しておこう。ハサミはソーイングセットに入っているような小さなもので十分だし、手が汚れにくく扱いやすいテープのりがベストだろう。

テープのりとハサミのセットが手元にあれば、たとえば資料の隅に走り書きしたメモとか、外出先で目についたチラシをすぐに切り取って手帳などに貼っておくこともできる。つまり、どんな小さな情報も確実に収集できるというわけだ。

仕事をするうえでチャンスを逃すことほどもったいないことはない。このように

「読む」「切り取る」「捨てる」を習慣づける

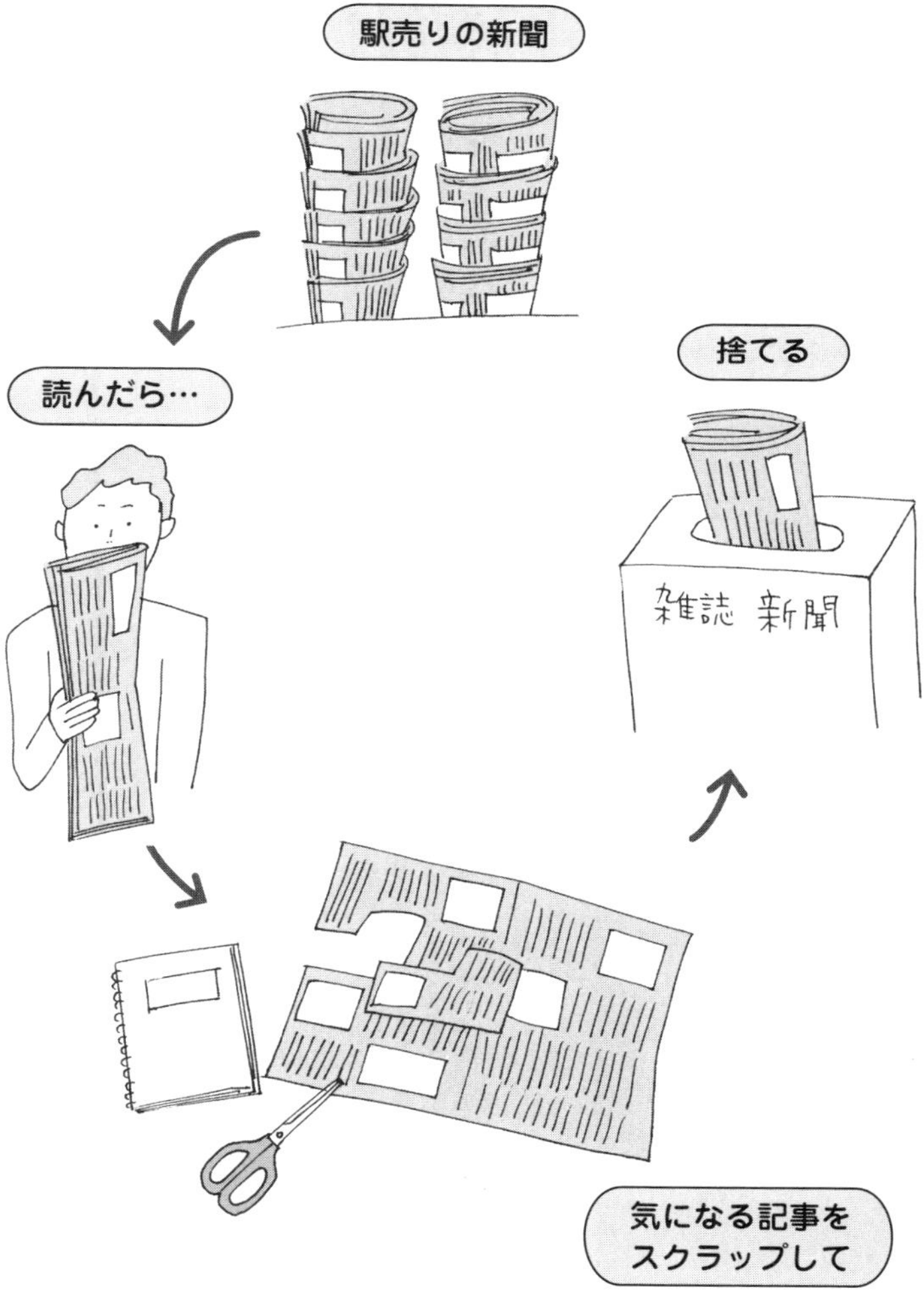

切り抜いた記事は１カ月後にファイルに収納

不必要と判断し
たものは捨てる
切り抜いた記事は
とりあえずまとめ
て置いておく
１カ月後…
31
必要なものだけを
ファイルに入れる

最初から必要な道具を持っていれば、後悔することはないのだ。

●寝かせてから選別する

新聞は、政治や経済の動向から旬なカルチャーの話題までさまざまな記事が掲載されている〝情報の宝庫〟だ。このため、気になった記事をそのつど切り抜いてストックしている人も多いだろう。

そこでおすすめしたいのが、これらの切り抜きを1カ月ほど寝かせておいてから整理する方法だ。一定の時間を置いてから読み返すことで一過性の記事なのか、あるいは本当に重要な記事なのか、その重要度を再確認するというわけだ。情報を〝ふるい〟にかけて、残しておきたい記事だけを保存していくのである。

たとえばA4用紙1枚につき、ひとつの記事を貼り込み、テーマごとに分類してクリアファイルなどに入れておくといいだろう。

もし、これらを1冊にまとめたいなら、A4用紙にパンチで穴を開けて、開閉タイプのリングノートに綴じておくといい。これなら記事の再編集も簡単にできるうえ、情報整理を定期的に行うだけで、ブレない思考力を養うことができる。

メモパッド&スパイクファイルでひらめきやアイデアを逃さない

●情報をストックするのも、捨てるのも思いのまま

情報収集の際に強い味方となるのが、専用カバーをつけた「メモパッド」だ。

メモパッドの強みは、書いたページを簡単に切り離すことができるという点にある。書いたメモはメモパッドを固定しているホルダーのポケットに入れておいてもいいし、手帳や書籍に挟んでもいい。

つまり、メモしたものを必要なところに移動させて、関連する情報とセットにして持ち歩くことができるのが最大のメリットなのだ。

また、とりあえずメモをしたものの、すぐにはどのファイルに分類すべきか判断ができないような内容のメモは喫茶店や食堂のレジ横に置いてあるような、昔ながらの伝票ホルダーに刺していき、一時的にまとめておくといい。

この伝票ホルダーは「スパイクファイル」という名前で売られているもので、大

ひらめきやアイデアはどんなことでもメモパッドに残そう

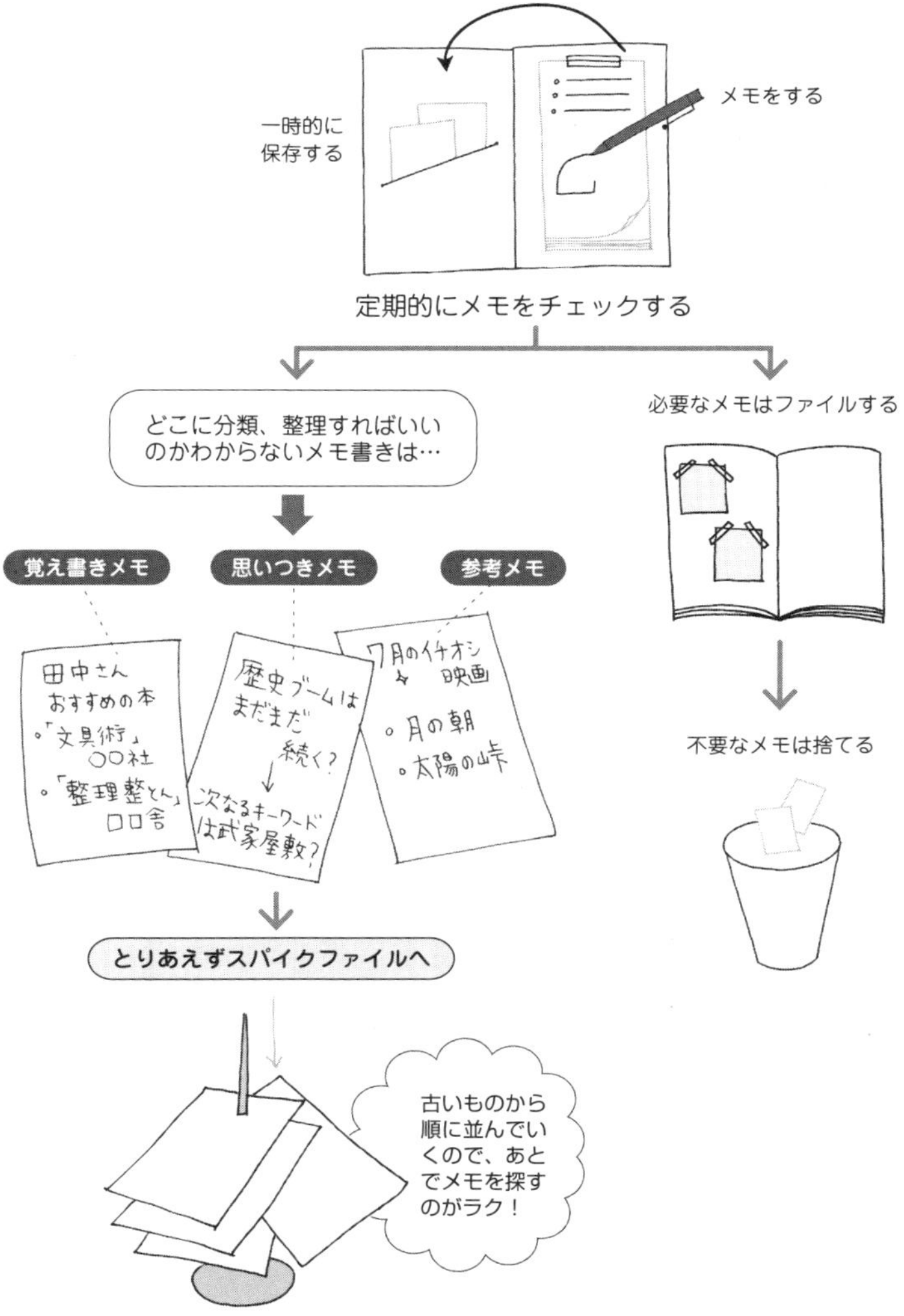

量のメモをストックできるうえに、自動的に情報を時系列に整理できるという、アナログなアイテムでありながら情報整理に意外と役立つスグレモノだ。

大量の情報をあとからまとめて整理していくときには「時間」というキーワードが重要になる。メモや切り抜いた記事など一貫性のない情報でも、時系列に並んでいるだけで、後日仕分けするときに役立つものだ。

情報管理においては、いかにして情報を「捨てるか」ということも重要だが、そんなときにも自由自在に対応できるのがメモパッドの持ち味といえる。

古くなった情報や不要な情報をいつまでも抱えたままでは、ビジネスチャンスを逃しかねない。臨機応変なやり方が、ビジネス思考を鍛えるうえでも役に立つのだ。

ひとロアドバイス

四隅にスキャンマークのついたメモパッドなら、スマホのカメラで簡単に位置合わせができるため、画像データにしても歪みが出ない。ドットがついた方眼紙タイプなので図も書きやすくなっている。

〝入れ子収納法〟なら紙の書類も精密に管理できる

●「クリアファイルinクリアファイル」テクニック

パソコンでファイルを管理するときに、ひとつのフォルダの中にさらに複数のフォルダを作成して〝入れ子〟にしてまとめることはよくあるが、これと同じ発想で、プリントアウトした書類を整理する方法を紹介しよう。

どういうことかというと、フォルダと同じように、クリアファイルの中にクリアファイルを入れて分類するのだ。

たとえば請求書を保管するときに、まずクリアファイルを1枚用意して、その表面に「２０１９年４月分請求書」というタイトルをつける。

その中に「通信費」「交通費」「外注費」などと、科目ごとに分けたクリアファイルを挟んで仕分けをしていくのだ。これなら請求書の内容が見やすいし、科目ごとに請求書をチェックすることができる。

パソコンのファイル保存法を実際のファイルで活用する

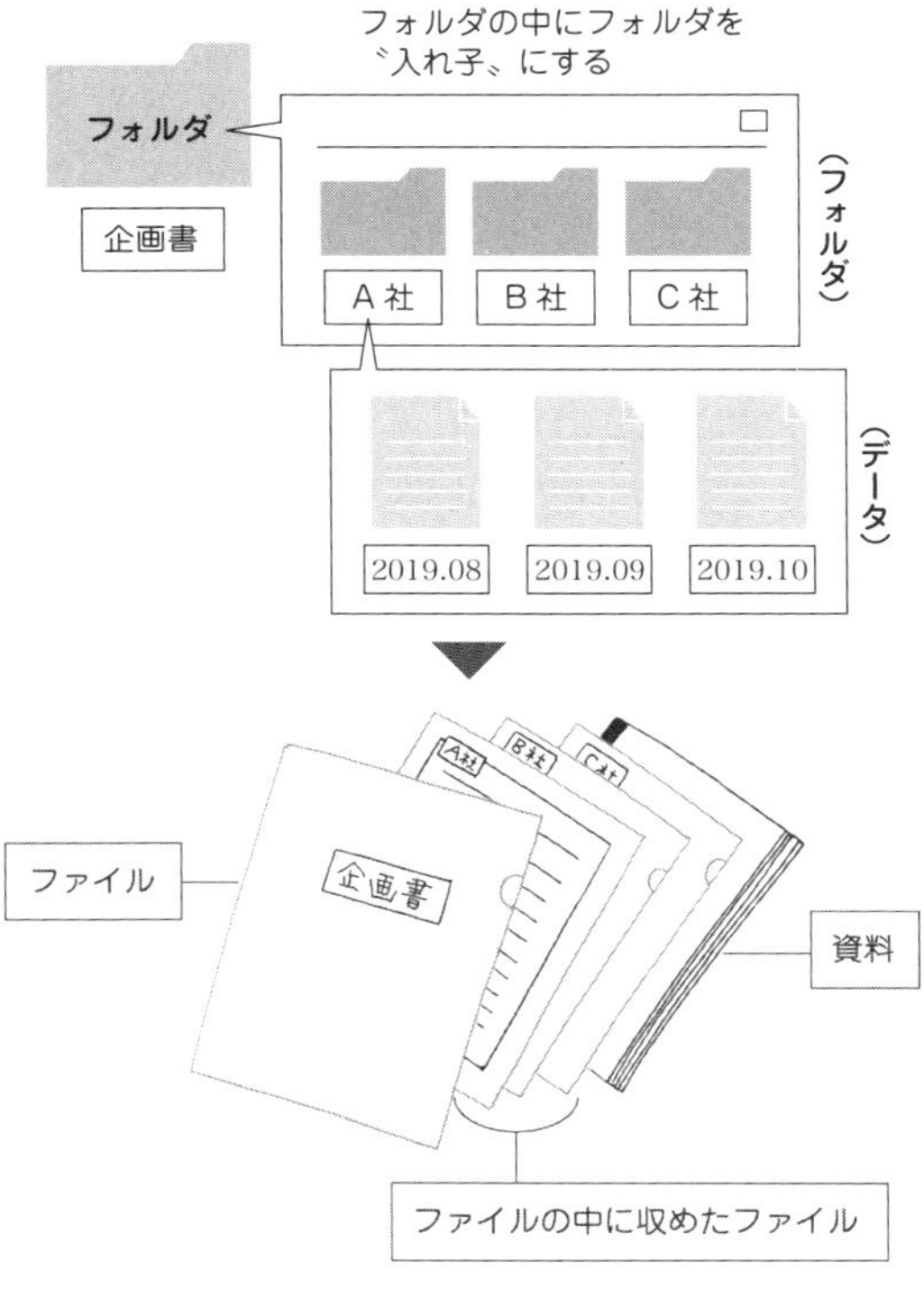
フォルダの中にフォルダを
〝入れ子〟にする
フォルダ
企画書
A社
B社
C社
（フォルダ）
2019.08
2019.09
2019.10
（データ）
A社
B社
C社
企画書
ファイル
資料
ファイルの中に収めたファイル

期限のある書類は日付ごとにファイリングする

1日1枚、31日分のファイルが綴じられた
ホルダーで日付ごとに書類を管理する

また、科目ではなく日付で書類を整理したい場合は、最初から1カ月（31日分）のインデックスが付いたファイルホルダーを使ってみるといい。これなら作成日に合わせて日付ごとにそのページに挟むだけで書類を簡単に仕分けすることができるのだ。

さらに、インデックスに自由に書き込めるタイプなら、日付だけではなく、社名や案件など自分の都合のいい項目に分けて整理することができる。

毎日パソコンで何気なくしている便利な整理術を「紙のデータ」でも活用すると、デジタルをアナログ的に考える柔軟な発想力が鍛えられるのだ。

おなじみの文具も、アイデアをプラスして使えば整理力が高まるのである。

ひと口アドバイス

31日分のファイルホルダーは、スケジュール管理もできる。その日の予定は付せんに書いて貼るだけでＯＫだし、必要な書類や招待状、地図、チケットなどはファイルに入れておけば忘れる心配もない。

ファイルの中身が一目でわかる“本文はみだしテクニック”

●点をズラして“見たい心理”をくすぐる

企画書など取引先に提出する書類は、内容重視なので表紙はありきたりなものが多い。表紙はシンプルにわかりやすくなっているのが定石だ。

だが、マニュアルどおりではインパクトに欠けることもある。そんなときは、表紙を少し工夫することで相手の興味を引くことができる。

たとえば、本文で使っているサイズよりわざとワンサイズ小さい用紙を用意してみよう。これを企画書の表紙として使うのだ。

こうしておけば、表紙より企画書の本文の紙のほうが大きいために表紙から一部がはみ出して見える。これならホチキスやクリップで挟んで留めてあったり、たとえクリアファイルに入っている場合でも、表紙の向こうにチラリと見える内容を見てみたくなるというものだ。

内容をチラリと見せて“見てみたい心理”を刺激する

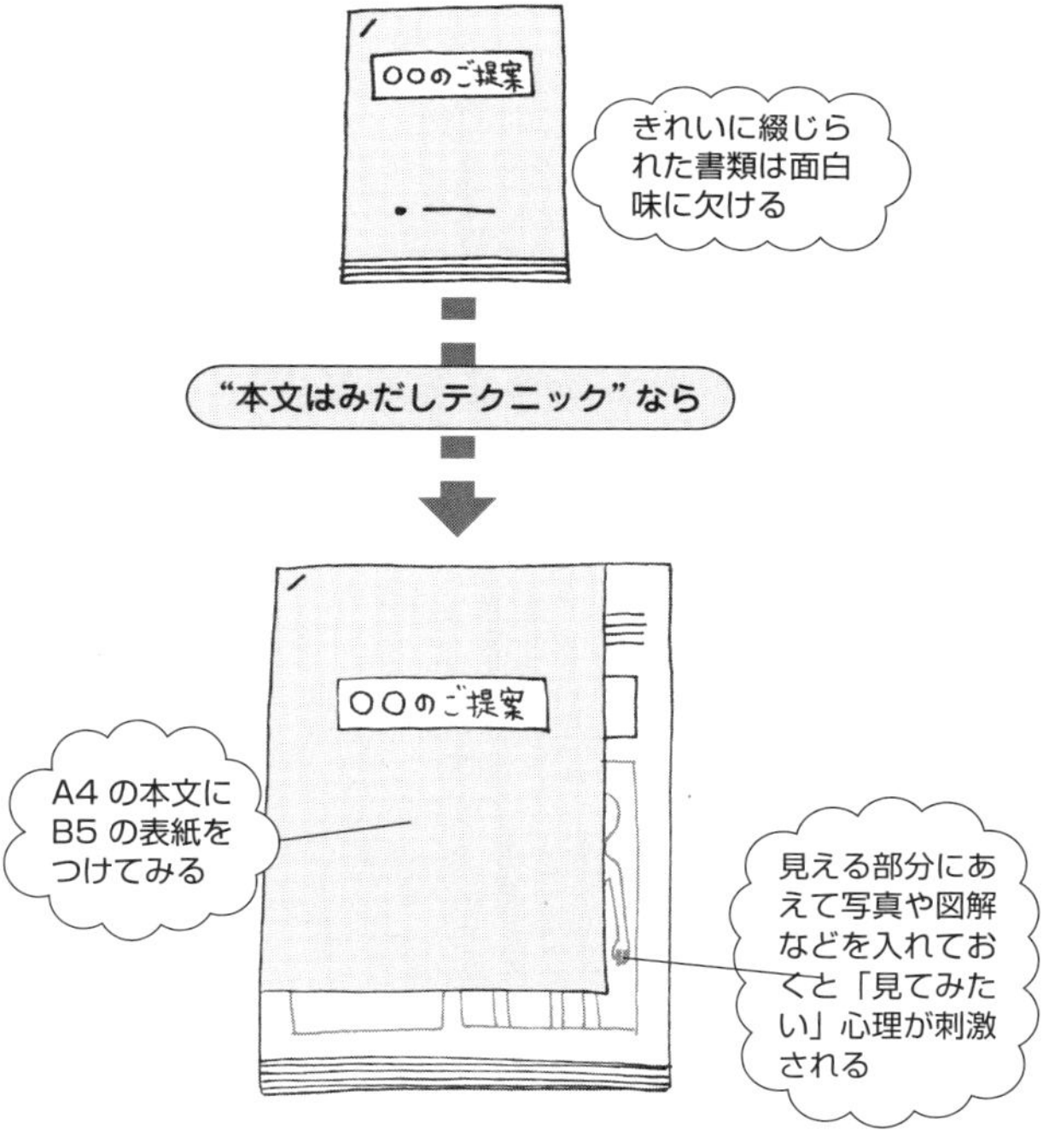

クリアファイルより大きな書類はどうすればいい？

クリアファイルといえば A4 サイズのものが一般的だが、たとえば、デザイン関連の仕事に携わっている人は B4 や A3 といった大きなサイズのものもよく使っている。折り曲げたくない証書やポスターを収めるときなどに使えるので、さまざまなサイズのクリアファイルをそろえておくといいだろう。

また、書類を管理する際にもこのテクニックは使える。メモ用紙や付せん紙などに題名などを書いて、貼っておけばいいのだ。わざわざ表紙用の紙を1枚作る必要もなくなる。

そうすれば中身をわざわざ確認しなくても、はみ出している部分を見ただけで内容がわかるので便利である。

毎回、決まり切って型どおりに仕事を進める必要はない。いつもの視点をほんの少しズラすだけで、相手の興味を何倍にも引き出すことができるのである。

ひと口アドバイス

企画書は「色」にも気を使いたい。文字は黒色でまとめ、罫線で囲みたい内容や地紋などには青色を、強調したいポイントには赤色を使うのが基本だ。ただ、多色使いをしすぎると内容がぼやけてしまうのでご注意を。

大きいサイズの書類をスッキリ収める「即席冊子」

●目からウロコの冊子作り

ビジネスシーンに登場する書類の多くはＡ４サイズだ。そのため、クリアファイルなど書類を整理するためのツールのほとんどはＡ４サイズ対応となっている。

そこで、Ａ３やＢ４サイズなどの大きい書類を複数枚まとめて渡されたりすると、どうやって保管したらいいものか悩んでしまうことがあるだろう。このような場合はどうやって整理すればいいだろうか。

そんなときは発想を転換させて、「書類」ではなく「冊子」として管理する方法を考えてみよう。

たとえばＡ３サイズの場合、横長の書類をすべて縦2つに谷折りにする。そうしてから、裏の白紙の部分にテープのりでのりづけしたら、次の書類の裏を貼りつけるのである。

A3やB4サイズの書類を"冊子"にする方法

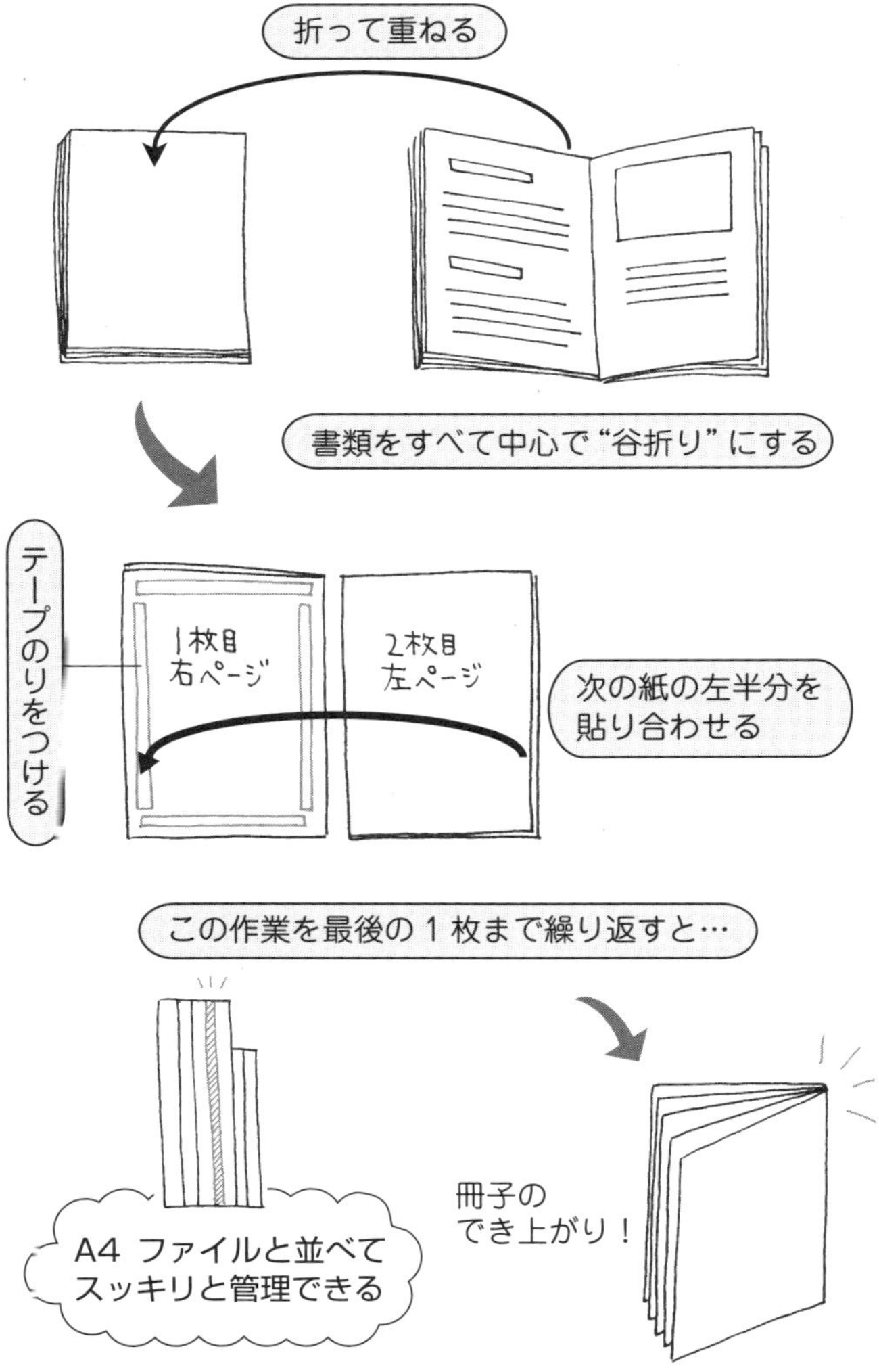

こうしてすべての書類をくっつけてしまえば、ひとつにつながりA4サイズの冊子のようにまとまるというわけだ。

それらをほかの書類と一緒にすればスッキリ収まる。あとから書類が増えても貼りつけてページを増やしていけば1冊にまとめることができるし、ファイルなどと並べて立てかけておいてもきれいに整理できる。

ちなみに、ファイルを並べるときには「ファイルは常に右詰めで立てていく」というルールを決めておくといい。

こうすれば、古くなったファイルを破棄したりほかの場所に移したいときには、右端のファイルから手をつければいい。それに、時系列に並んでいれば必要な書類も取り出しやすくなるはずだ。

ひと口アドバイス

書類に直接メモができないときは、トレーシングペーパーが役に立つ。透けているから下の資料を見ながらトレーシングペーパーに書き加えることができるし、修正前と修正後の違いもわかる。

読みやすい書類のホチキス留めは右上か左上か

●評価が上がる「ホチキス留め」の技術

書類をホチキスで綴じるときに、書類の角にホチキスを斜めに当てて留めるという人は多いだろう。斜めに留めると、ページがめくりやすいし、綴じた部分が破れにくいなどの利点がある。ところが、何気なくしているこの行為が仕事の効率を下げていることもあるのだ。

たとえば、余白が少なくて紙の隅まで文字で埋まっているような書類の場合、ホチキスを斜めに留めてしまうと端に印字された文字が見えづらくなってしまう。そんなときは、紙のふちと並行になるように上か横をまっすぐに綴じるとページがめくりやすい。

また、タテ書きとヨコ書きの書類が混ざった資料を綴じるときにはどうしているだろうか。「左上を綴じる」とか「右上を綴じたほうが見やすい」など人によって

書類の中身によってホチキス留めの角度を変える

〈すべての書類が同じ書式の場合〉

〈さまざまな書式の書類が含まれている場合〉

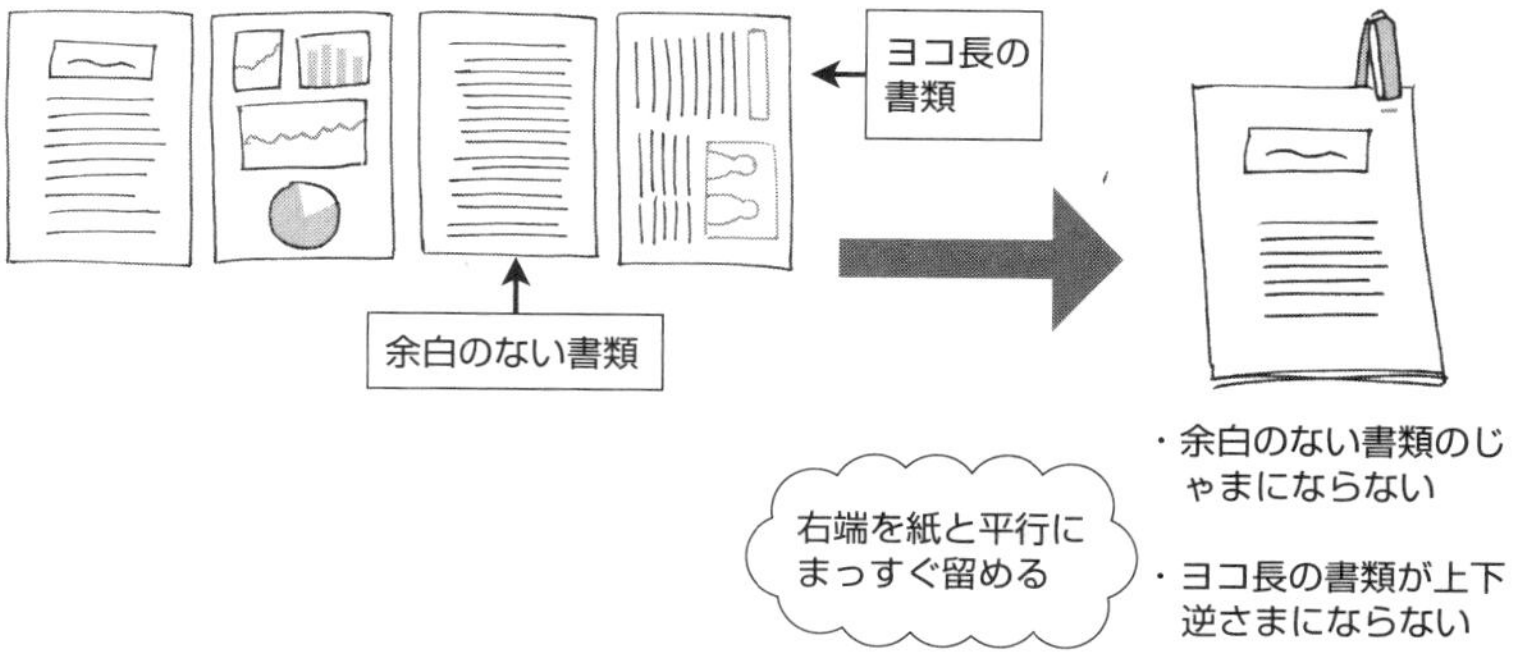

ついホチキスしたままシュレッダーしてしまう

大量の書類をシュレッダーにかけていると、クリップなら目につくので外すことができるものの、ホチキス留めした書類はつい針がついたままでシュレッダーに入れてしまいがちだ。そこで、そんな失敗をなくすために、針をつかわないタイプのホチキスを使ってみたい。これならホチキスに針を入れる手間も省けるはずだ。

さまざまなマイルールがあるだろうが、これが同じ部署の中で定まっていなければ、会議やプレゼンの場などで資料の仕様が作成者によってバラバラになってしまうことにもなりかねない。

タテ書きとヨコ書きが混ざっているときは、右端を紙と平行に留めておけばどちらの書類も逆さまにならず読むことができる。書類をホチキスで留めるという簡単な作業も中身を確認してから行うのが基本だ。

ちょっとした仕事の習慣だからこそ、統一のルールを周囲の人と共有しておきたいものだ。そうすれば、仕事の処理スピードは格段にアップするのである。

ひと口アドバイス

〝紙針〟を使ったホチキスもある。コの字状の紙針で最大5枚まで綴じることができる。手で簡単に針を外すこともできるため綴じ直しも簡単だ。紙とはいえのりで接着され、保持力もあるので安心だ。

超簡単に名刺管理ができる「ダブルファイル法」

●名刺はクオリティの高い「メモ帳」である

一度に何人もの人と名刺交換をすると、後日連絡をとるときになって名前と顔が一致しないということがある。そんなことにならないように、もらった名刺の裏にはその人の担当部署や特徴を書き込んでおこう。

これはメモや切り抜きについても同じで、あとで見返したときにその詳細がよくわかるように情報を追記しておくといい。領収書なら何を買ったのか具体的な品名を、スクラップした記事ならその日時や出典を、なるべくその場で裏面などに書き込んでおくようにする。

情報をあとから書き込もうとしても忘れてしまうこともあるし、メモや名刺がたまってからでは面倒になってしまう。情報はため込まずに、その場で素早く適切な処理をする習慣をつけたいものだ。ちなみに、裏面に書いた情報もひと目でわかる

一度に複数の人と名刺交換したときの整理術

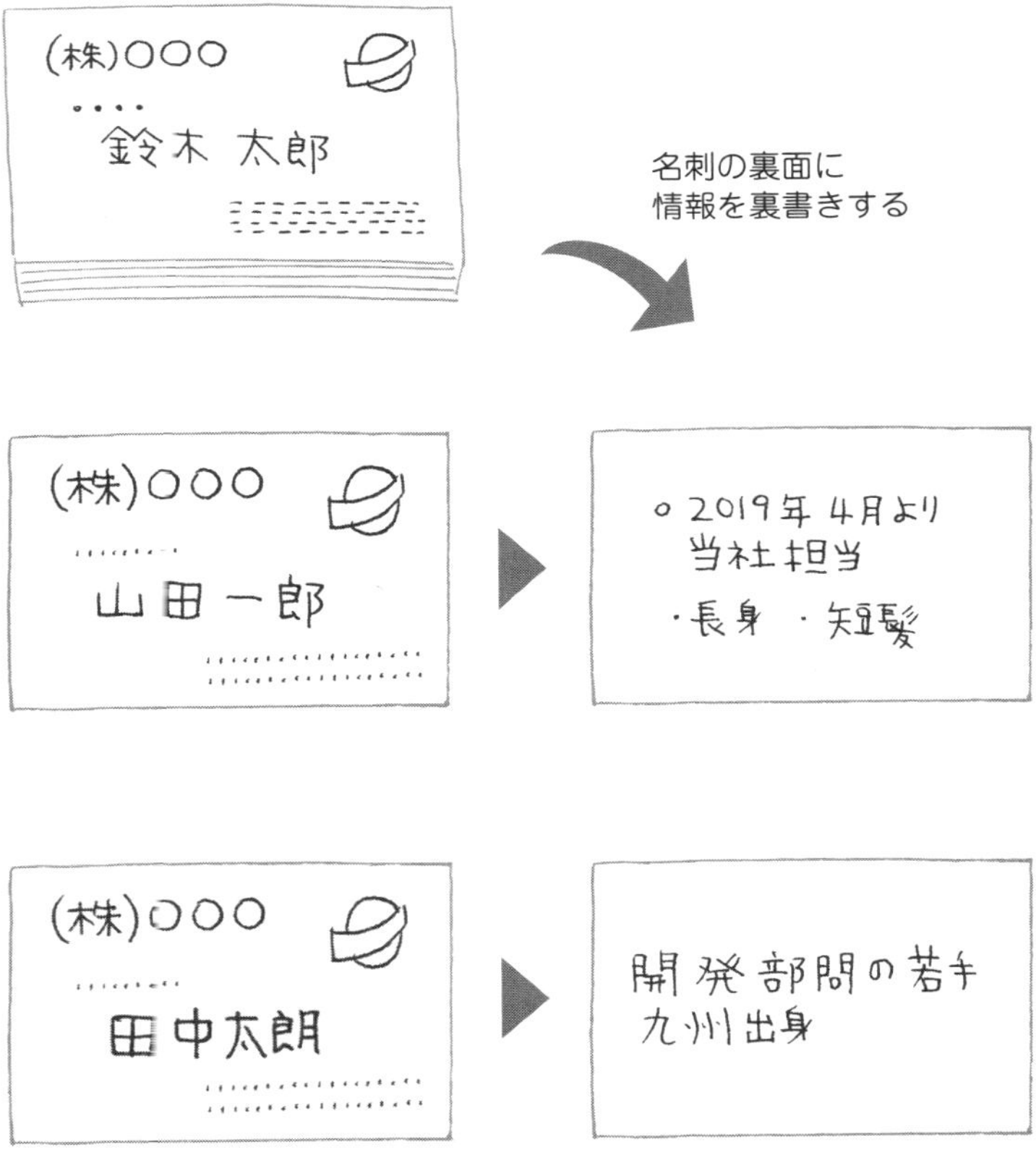

名刺ファイルを2つ持つと名刺の整理が簡単

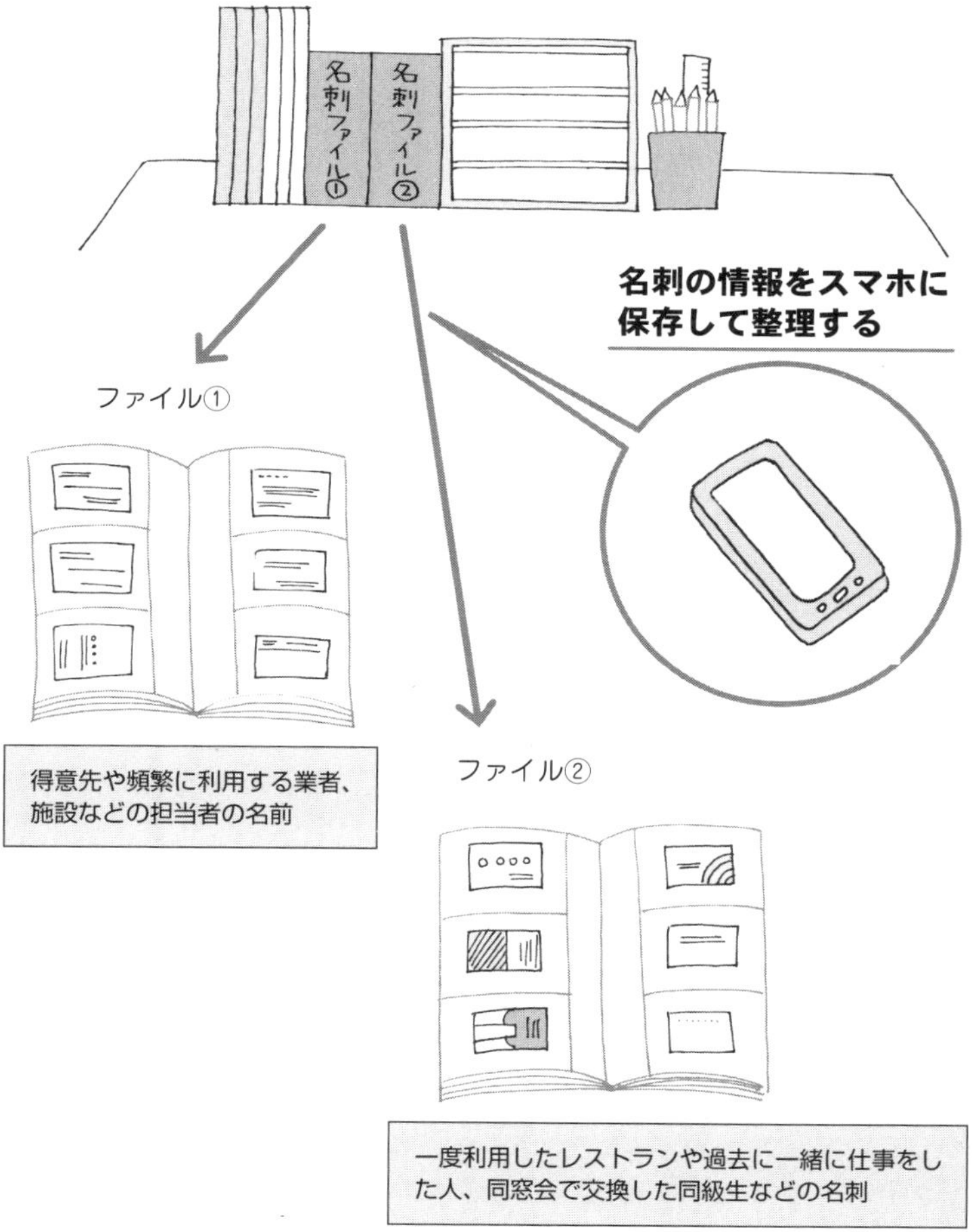
名刺ファイル①
名刺ファイル②
名刺の情報をスマホに保存して整理する
ファイル①
得意先や頻繁に利用する業者、施設などの担当者の名前
ファイル②
一度利用したレストランや過去に一緒に仕事をした人、同窓会で交換した同級生などの名刺

ように、両面から中味が見えるクリアタイプの名刺ファイルを使うといいだろう。

●名刺どこにあったっけ…をなくす裏ワザ

名刺を管理するときはたいていの人が1つの名刺ファイルを使っていると思うが、ここではあえてファイルを2つ用意してみよう。

たとえば、頻繁にやりとりをする人の名刺は「ファイル①」に、一方でほとんど連絡をしない人の名刺を「ファイル②」に入れて管理する。

さらに、ときどきめくって誰の名刺がどのページに入っているのか確認しておこう。こうしておくと、大量の名刺に埋もれていた人物と、考えていた企画がつながったりするのだ。

あるいは、携帯やスマホに内蔵されている「名刺リーダー」機能やアプリを使っている人もいる。この機能は単に情報を登録する手間が省けるだけではなく、たとえば年賀状を送るときに一括で宛て名シールを印刷できるなど、大量の情報を管理するうえでさまざまなメリットがある。

未処理の書類がすぐに片づく「スキマ時間利用法」

●クリアファイル・イン・バッグで仕事もスムーズ

通勤や通学、取引先への移動など、電車や飛行機に乗っている時間を「スキマ時間」として勉強や読書などに有効利用している人も多いだろう。そんな人には、「移動時間」＝「情報の整理を行う時間」と考えることをおすすめしたい。

まず、カバンにクリアファイルを1枚入れておいて、まだ目を通していない書類や、スクラップしたい記事が掲載されている新聞や雑誌をそこに入れて出かけるようにしよう。そして、移動中の時間にそのファイルをチェックして、書類を読んだり記事をスクラップしたりしていくのだ。

未処理の書類を常にこのクリアファイルに入れて持ち歩くようにすれば、机の上に置きっぱなしにして忘れてしまうといった心配もない。

さらに、そのクリアファイルを目立つ色や柄のものにしておけば、しばらく使っ

スキマ時間を活用するクリアファイル・イン・バッグ

ざっと目を通しておきたい資料など、
数分でできる未処理の仕事を入れる

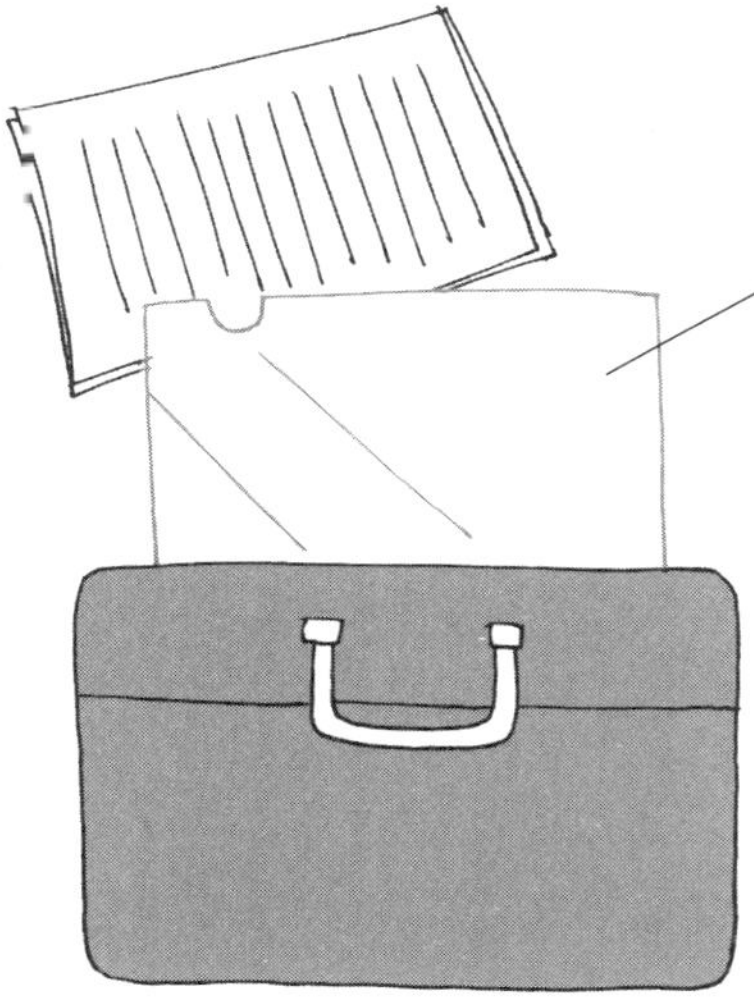

バッグの中に必ず空
のクリアファイルを
1 枚入れておく

外出

電車やタクシーに乗っているわ
ずかな時間を活用して、クリア
ファイルの中身を処理する

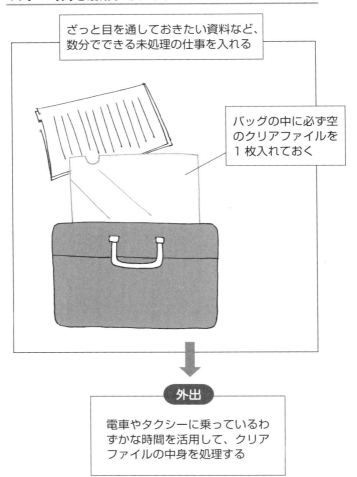

目立つクリアファイルならアイデアのスイッチも入る

目立つ色や柄のクリアファイルに
大量の裏紙を入れておく

↓

このファイルを出すと何か書きたくなる

↓

アイデアが浮かぶ

思考パターンが
つくられる！

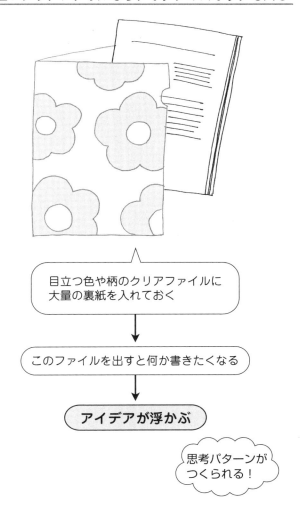

ているうちに「黄色いファイルを使うときには情報の整理をする時間だ」などと、色を見ただけで無意識のうちに仕事モードにスイッチが入るようになる。

ほんの15分程度しか乗車しないからといって何もしないでいるのと、その15分で未処理の仕事を把握しておくのとでは、いつの間にか差が出てくるのは当然だ。

押し寄せてくる仕事は、一度流れを止めてしまうとそのあとが次々とつかえてしまうもの。デキるビジネスパーソンが実践している、スキマ時間の超有効活用術は大いに参考にしたいものだ。

サッと仕事にとりかかれる「バッグinバッグ」テクニック

●モノと情報を細分化して収納する

忙しいときにはカバンの中の整理さえもままならない。とはいえ、仕事の効率を考えると必要な文房具や資料は常にすぐ取り出せるようにしておきたい。

そこで、カバンの中身を整理する「中バッグ利用法」を紹介しよう。

女性なら化粧品などを入れたポーチをカバンの中に入れて持ち歩いていると思うが、これと同じ発想で、仕事用のアイテムを収めた〝ポーチ〟を用意すればいいのだ。

中バッグが「道具箱」として機能するので、それをそっくり取り出すだけで仕事に必要なアイテムがそろうのである。また、小物を収納できるポケットつきの仕切り板を利用して、常にモノの定位置を決めておくといった方法もある。

最近では、書類挟みが内蔵されているため書類が傷みにくいようになっていたり、

バッグの中に“仕事バッグ”を収納する

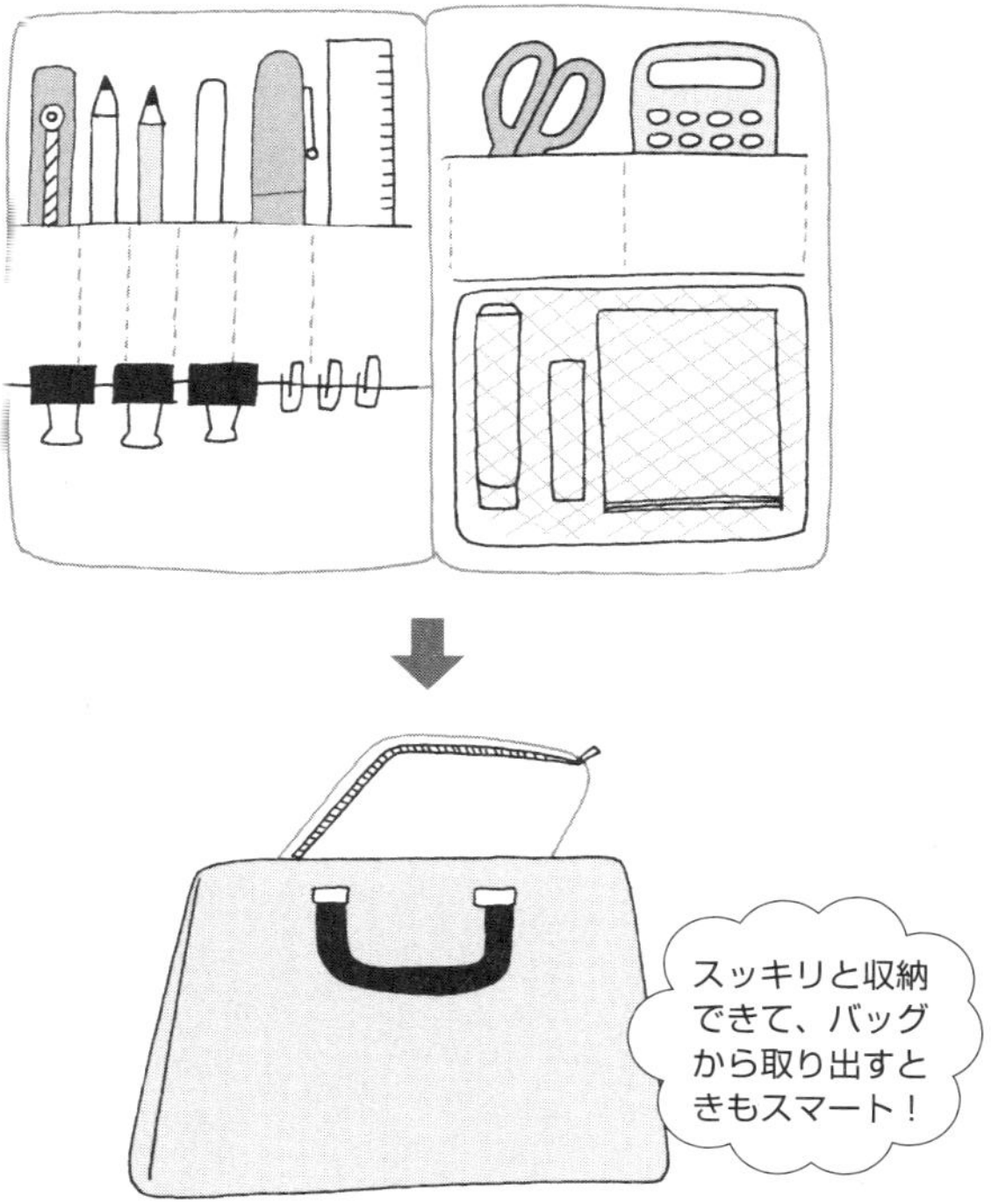
スッキリと収納できて、バッグから取り出すときもスマート！

いまこそ見直したい筆記用具とは？

図書館で勉強するときや、映画館や劇場などでシャープペンシルやノック式のボールペンを使うと、カチカチと音が出てしまって周囲に迷惑がかかることがある。その点、鉛筆ならば音もしなければ急なインク切れの心配もない。

頻繁に取り出すスマートフォンやIDカードがすっきり収まるポケット付きのバッグinバッグも市販されている。

そういった中バッグがあれば、別のバッグに持ち替えたときにも中身を移し替えるのに便利だし、忘れ物をしてしまう心配もない。

いずれにしても、このようにカバンの中を整理することは思考を整理することにもつながる。モノも情報も、扱いやすいサイズに細分化して収納するだけで頭の冴えも違ってくるはずだ。

ひと口アドバイス

たまには、毎日使っているカバンの中身をすべて出して掃除してみよう。底にたまっている紙ゴミやほこりを取り払うだけでも気分転換になる。また、ファスナーに潤滑油を吹きつけると滑りがよくなる。

急な出張にも慌てない「基本セット」のつくり方

●基本セット＋持ち物リストを常備する

ビジネスパーソンなら、泊りがけの出張を急に命じられることもあるだろう。また、出発ギリギリまで準備ができないほど忙しいなかでバカンスに出かけるということもある。どうにかして旅行の準備にかかる時間を短縮したいところだ。

そんなときのために、１日分の最低限の下着と靴下、歯ブラシやカミソリなどの洗面用具が入ったポーチを常にワンセットにまとめて中身が見える袋に入れておこう。

いつもこの準備をしておけば、そのポーチを旅行カバンに放り込むだけで旅仕度はほぼ整うというわけだ。

また、このセットにはあらかじめ旅行に必要なものを書き出した「持ち物リスト」も入れておきたい。

「1泊2日セット」を常に用意しておく

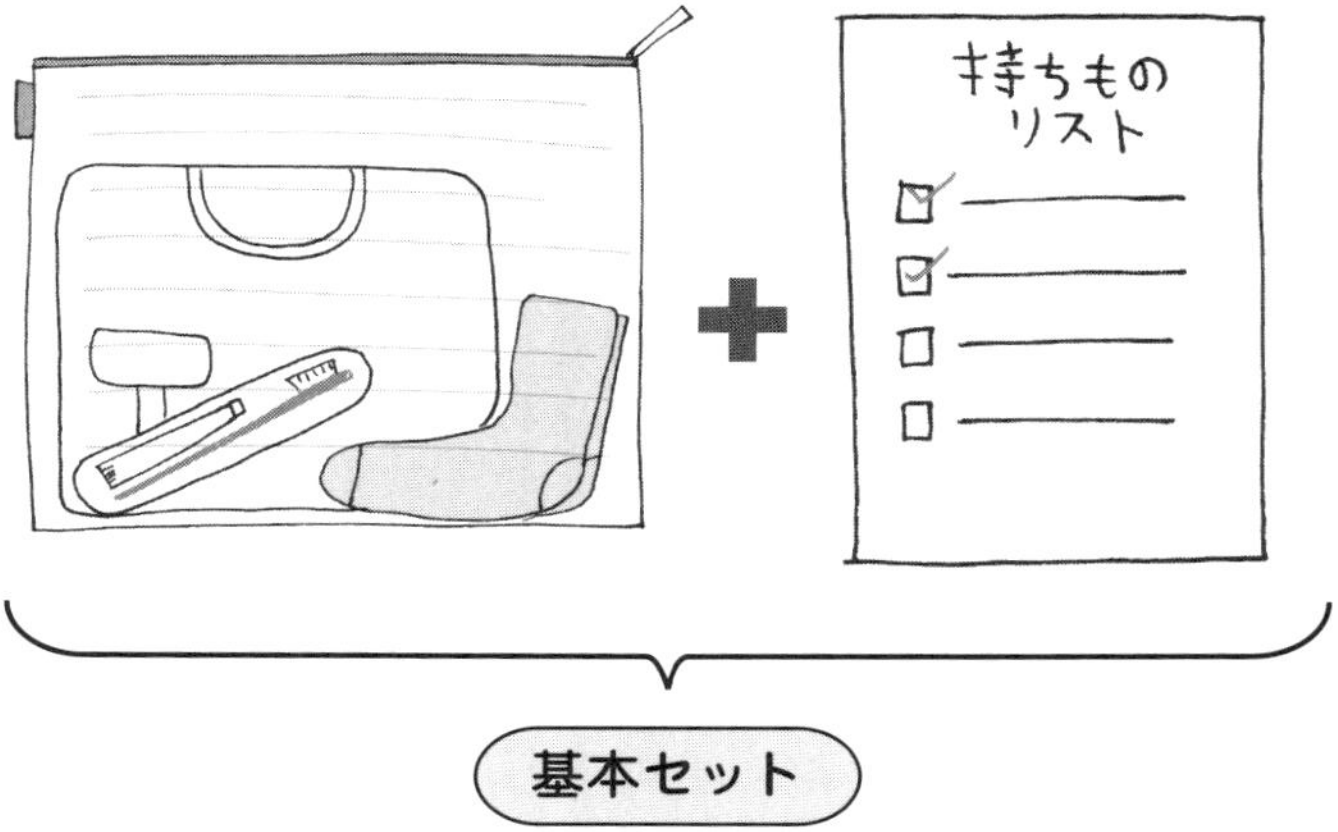

そのリストにパソコンやスマホ、切符など必要なものを書き込んでおき、空きスペースも用意しておくといいだろう。ここにプレゼンの資料や会議用の報告資料など、そのときどきの出張や旅行で忘れてはならないものを書き加えていくのだ。

そして、旅行用のバッグに荷物を詰めながら、ToDoリストを埋めていくように持ち物リストに1つひとつチェックしていくのである。

ちなみに、その基本セットに入れておくと役に立つのが、ハガキと切手である。出先でお世話になった人たちに礼状を出すためだ。

礼状はできるだけ早く出すのが重要だ。

旅行の準備にいつも時間がかかる

仕事の資料やパソコンはもちろん、宿泊セットも加わった出張時の荷物はふだんより確実に増えるものだが、いちいちバッグに詰め替えるのは手間もかかるうえ、時間ももったいない。

そんなときは、まるで救命胴衣のようにかぶせるタイプの「バッグ on バッグ」が便利だ。

ふだんのカバンの上に、出張に必要な物を入れたこのバッグをかぶせるだけで「整理力」は格段に高まる。

ふだんから忘れ物が多い人は

ロッククライミングや登山で使われるカラビナに、ストラップがついたミニ文具を引っ掛けて文具ホルダーをつくると、ペンケースを持ち歩く必要がなくなる。

また、カバンにもつけることができるので、忘れ物防止にもなって便利だ。

ペンやノート、ハサミやノリなどミニ文具をひと通りそろえておくといつでもどこでも作業ができる。

帰ってから出そうなどと思っているうちに日が経ってしまい、出しそびれることはよくあるが、携帯していればそんなこともない。

どんなに出張や旅行に慣れている人でも、記憶だけに頼って準備をすると「つい」「うっかり」忘れてしまうというミスが起きてしまう。

それなら、あらかじめミスが起きることを想定して、いざというときのために対応できるように準備しておくのがデキるビジネスパーソンのやり方なのだ。

Column

ハードタイプのファイルなら書類が立つ！

クリアファイルをファイルボックスに入れると…

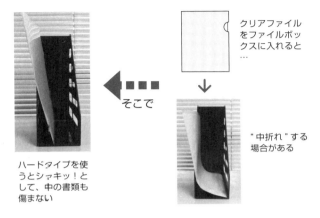

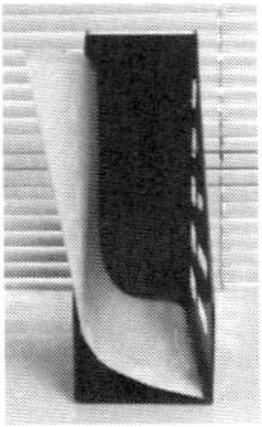

“中折れ”する場合がある

そこで

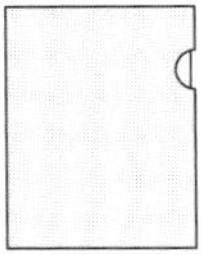

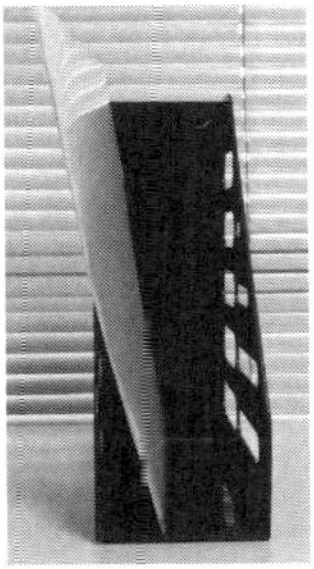

ハードタイプを使うとシャキッ！として、中の書類も傷まない

●写真や重要書類はハードタイプで保管

書類や新聞・雑誌の切り抜き、書類などを入れておくクリアファイルはいまや仕事をするうえで欠かせない文房具の一つだが、問題はその〝強度〟だ。

たとえば、タテにして使う場合、ファイルボックスに入れようとすると、中に入れる書類が少ないと中折れしてしまうことがある。そんなときは、ハードタイプのクリアファイルの出番だ。

厚みが1.3ミリもあるハードタイプも出回っており、ファイルボックスに1つだけ入れてもしっかりと立っていてくれる。普及品の3倍もの厚みがあるので、写真や重要な書類などはこのハードタイプに保管しておくといいだろう。

あるいは、仕切りが3つも5つもあるインデックス付きのものもある。これだと、わざわざファイル・イン・ファイルしなくてもいいし、書類がかさばる場合にはA用紙が数十枚から100枚も入る大容量タイプもある。使用シーンによっていろいろと使い分けてもいいだろう。

STEP 2

ノート力

論理的思考が身につく「書き方」の法則

いくら多くの情報をノートやメモにとっても、それを活かすことができなければ時間のムダだ。使い方しだいで手に入れた情報が２倍、３倍の価値を持つノート術を身につけたい。

“カンガルー式ポケット”でノートの資料性が200%高まる

●1冊のノートでまとめることでストレスフリーになる

打ち合わせのときにもらったメモ書きや資料をノートに挟んでおいたら、いつの間にかなくなってしまったという経験はないだろうか。そんなときに限ってデータ化されていないものだったりして焦ってしまうことがある。

ノートとは別に関連資料を収めたファイルをつくるという手もあるが、ノートとファイルを常に持ち歩かなくてはならないのは面倒だし、どちらかひとつを忘れただけで用を足さないのでは困る。

できれば、情報はすべて同じノート1冊にまとめておき、それさえ持っていれば大丈夫というようにしたい。ストレスフリーであることも重要だ。

そこで、ひとつの案件についてノートにまとめ終わったら、すぐ後ろのページを斜めに切り取り、次のページと綴じ合わせてみよう。

カンガルー式ポケットの作り方・使い方

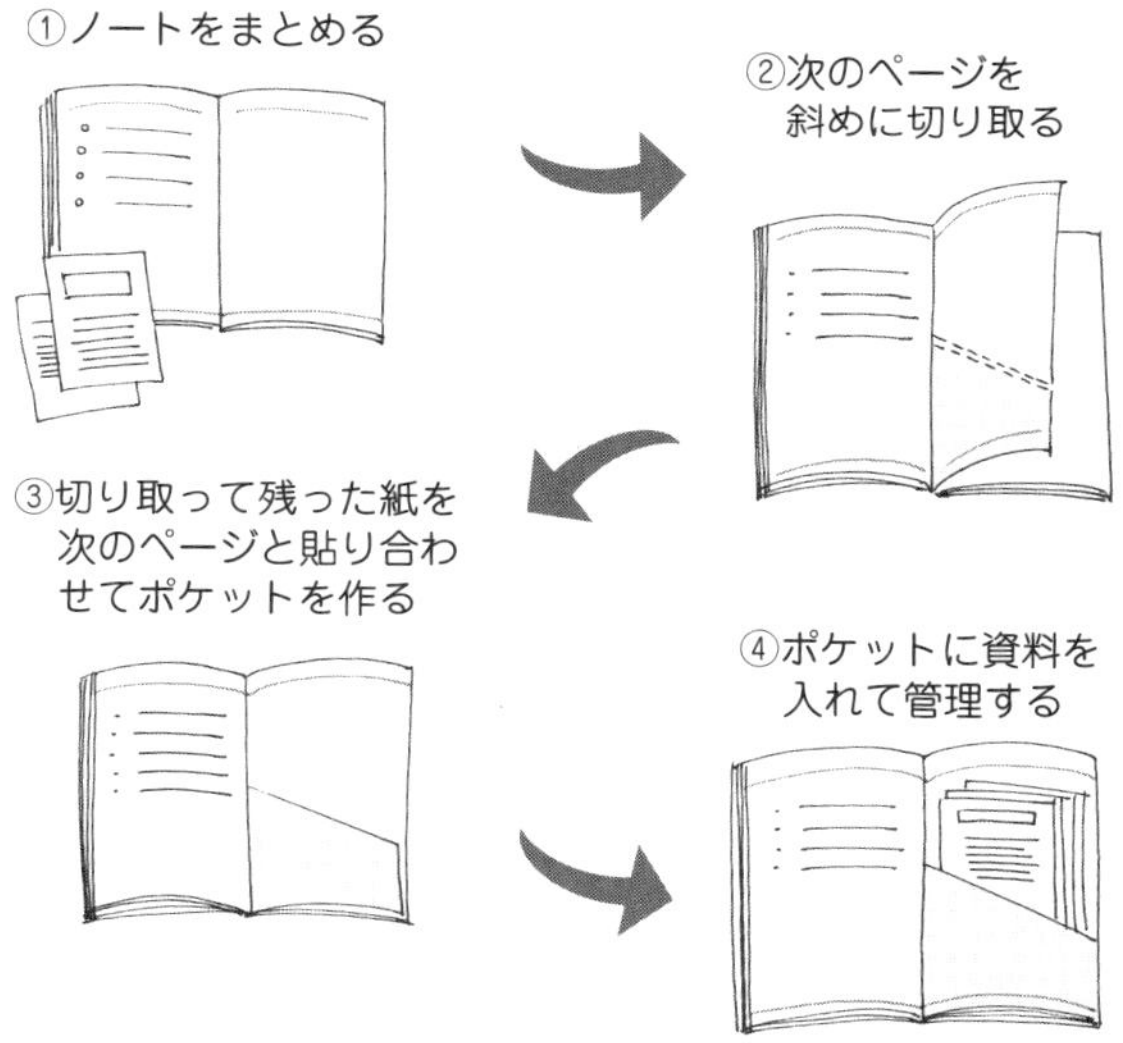
①ノートをまとめる
②次のページを
斜めに切り取る
③切り取って残った紙を
次のページと貼り合わ
せてポケットを作る
④ポケットに資料を
入れて管理する

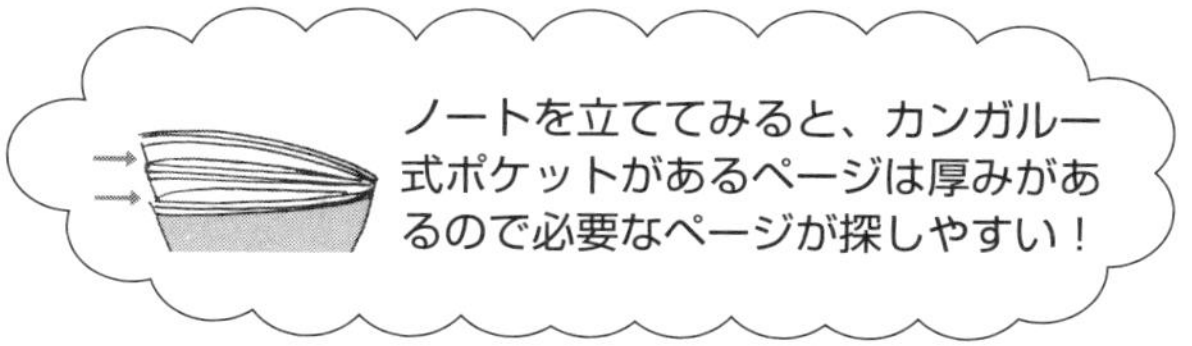
ノートを立ててみると、カンガルー
式ポケットがあるページは厚みがあ
るので必要なページが探しやすい！

書類を見失わないためのアイデアとは？

立食パーティーなどで自分のグラスを見失わないようにグラスマーカーが用意されていることがあるが、文房具のクリップもこのようなマーカーの役割を果たしてくれる。たとえば、１枚きりの書類は書類の山に埋もれてしまう心配があるが、そんなときはクリップを“マーカー”としてつけておくといい。

ようするにカンガルーのポケットのような袋をつくり、そこに関連資料を入れておくのだ。そうすれば、ノートを再確認しながら資料をすぐに取り出すことができる。

このカンガルー式ポケットはまた、家計簿にも応用できる。

家計簿として使っているノートにこのポケットをつくれば、細かいレシートや請求書をまとめて入れておくことができる。

「ノートはただ情報を書き込むだけのものではない」という発想の転換ができれば、1冊のノートも多くの情報を一元管理できる賢いツールになるのだ。

ひとロアドバイス

ノートに書くときにはマイルールを決めるといい。日付は必ず右上に、メモ書きは青ペンで、下段のスペースは必ず開けておくなどと決めておけば、あとで見直すときにまとめやすい。

１日の作業を〝見える化〟させる付せん使いのコツ

●予定を変更しても書き換え必要なしのやり方

幅が異なる付せん紙を色違いで３〜４種類用意して、シンプルにスケジュールを管理してみよう。

まず、１枚の付せん紙に（ひとつの）仕事の内容を書き込んで手帳やノートに時系列で貼っていく。

たとえばデスクワークは青、営業はピンク、社内会議は黄色、といった具合に仕事の内容によって色を変えていくことがポイントだ。

次に、それぞれの仕事に要する時間によって、たとえば30分以内なら一番細い付せん紙を、１時間以内ならふつうの幅のものを、１時間以上なら最も幅が広いものを、というように付せん紙の幅を変えていくのだ。

こうしてスケジュールを可視化しておけば、手帳を開いただけで１日の時間配分

付せん紙で行うスケジュール管理

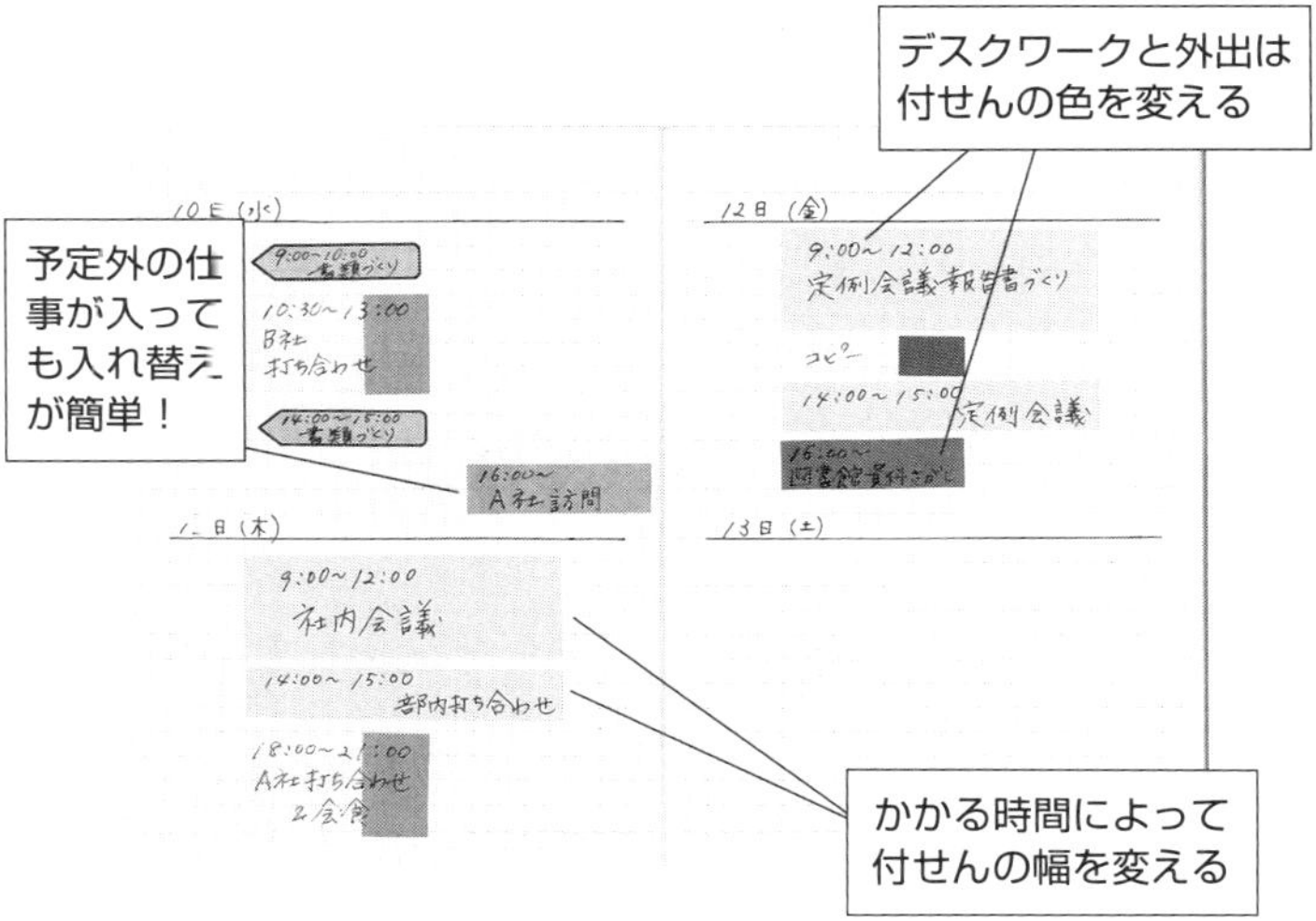

がひと目でわかる。

急に予定外の仕事が入ったとしても、付せん紙を貼り替えればスケジュールの調整も簡単にできるのだ。

●「トレペ付せん」ならカレンダーの変更もラクラク

仕事に追われるビジネスパーソンにとって、出張などで数カ月先の予定が入ることなど珍しいことではない。

ところが、それをそのまま壁掛けカレンダーや手帳のマンスリー・スケジュールの欄に書き込んでしまうと、予定が変更になったときに書いたり消したりが簡単にできない。

暫定的な予定は付せん式トレーシングペーパーに書く

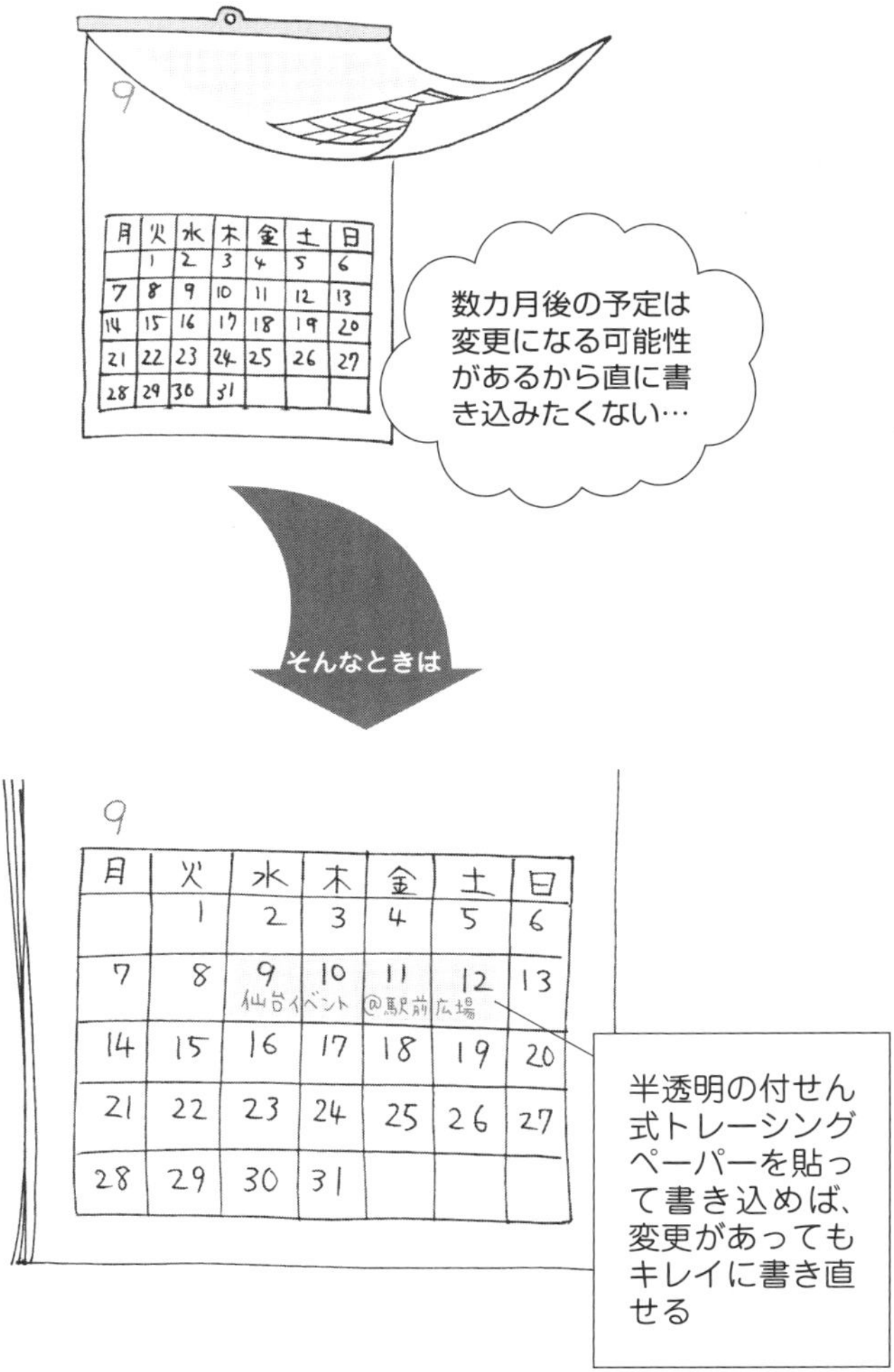

そこで便利なのが、付せん式のトレーシングペーパーだ。この付せん紙を1週間ごと、あるいは1日ごとに貼ってその上に予定を書くようにすれば、カレンダーに直に書込まないで済む。

しかも、トレーシングペーパーは貼った場所の情報が透けて見えるので、貼ったままでもカレンダーにある日付や曜日を確認することができる。

こうすれば、出張の日程がずれた場合などはトレーシングペーパーを移動させるだけで調正や変更が簡単にできる。

ちなみに、この付せん式のトレーシングペーパーは、本の重要ポイントなどに線を引きたいときにも役立つのでぜひとも持っておきたい。

情報整理の速度が10倍アップする色付きルーズリーフ

●「色」を使って情報を整理する

リング式のファイルで管理ができて、簡単に順番を並べ替えたりできるルーズリーフの用紙には、シンプルな白だけではなくさまざまな色のバリエーションがある。

そこで、何色かのルーズリーフをそろえたら「ピンクは急いで処理する情報」とか、「緑は定例会議でのメモ」、あるいは「青はアイデアのラフスケッチ」などと色ごとにジャンルを決めて使うようにしてみよう。とくに注意しておきたい重要事項は、オレンジや黄色といった目立つ色に書くとより目を引くことができる。

こうしてルールを決めておけば、パッと見てどのファイルにどんな種類の情報が書かれているのかひと目で把握できるし、内容ごとにページを並び変えて整理するのも短時間で済む。

じつに単純な方法ではあるが、忙しい毎日のなかで素早い状況判断をするためにはこのようにひと目で情報が認識できる工夫が必要なのだ。

●ドット入り、ルーズリーフワイド…目的に合ったノートの選び方

文房具売り場にはじつにさまざまなノートが並んでいるが、なかでも〝東大式ノート〟とも呼ばれる「ドット入りノート」は大ヒットした。

そもそもこのドット入りノートは、シンプルなノートを東大生がそれぞれひと工夫して使っていたものだ。

そう考えると、ノートや文房具は〝こう使うべきだ〟という型にとらわれずに、自分の使いやすいように自由にカスタマイズして使えばいい。たとえば、2ツ折りになっているA4版のルーズリーフも人気だが、その使い方は千差万別だ。

このルーズリーフを開くと、2倍の大きさであるA3版のサイズになるので、資料を貼り付けたりデザイン画を書いたりとワイドに活用できるし、A4ノートでは2～3ページにわたってしまう内容も1ページにまとめられる。

自分の目的や用途に合った文具を選び、さらにその使い方にひと工夫できれば仕事の効率は格段にアップするのだ。

ルーズリーフの色にルールを決めて情報を整理する

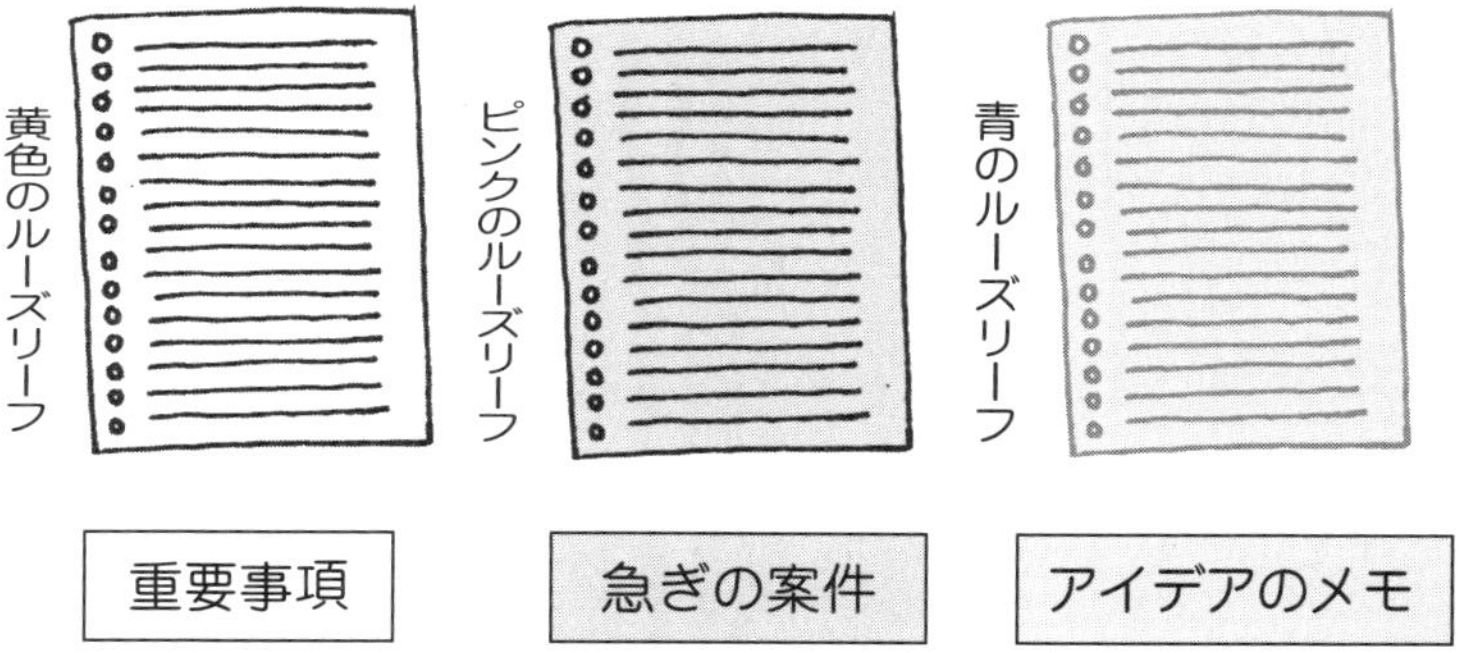
黄色のルーズリーフ
重要事項
ピンクのルーズリーフ
急ぎの案件
青のルーズリーフ
アイデアのメモ

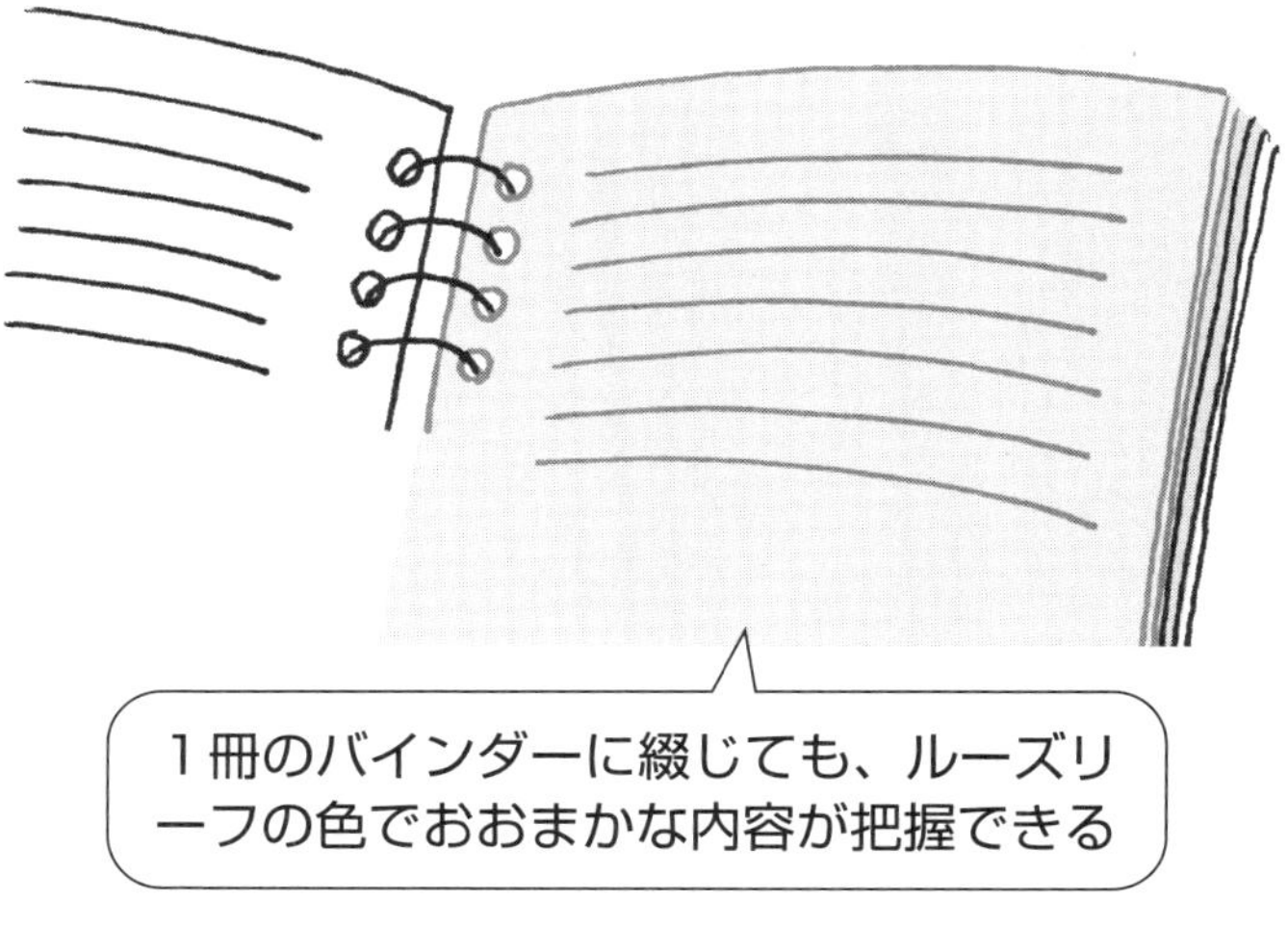
1冊のバインダーに綴じても、ルーズリーフの色でおおまかな内容が把握できる

情報を整理しやすい"個性的なノート"の使い方

東大式ノート

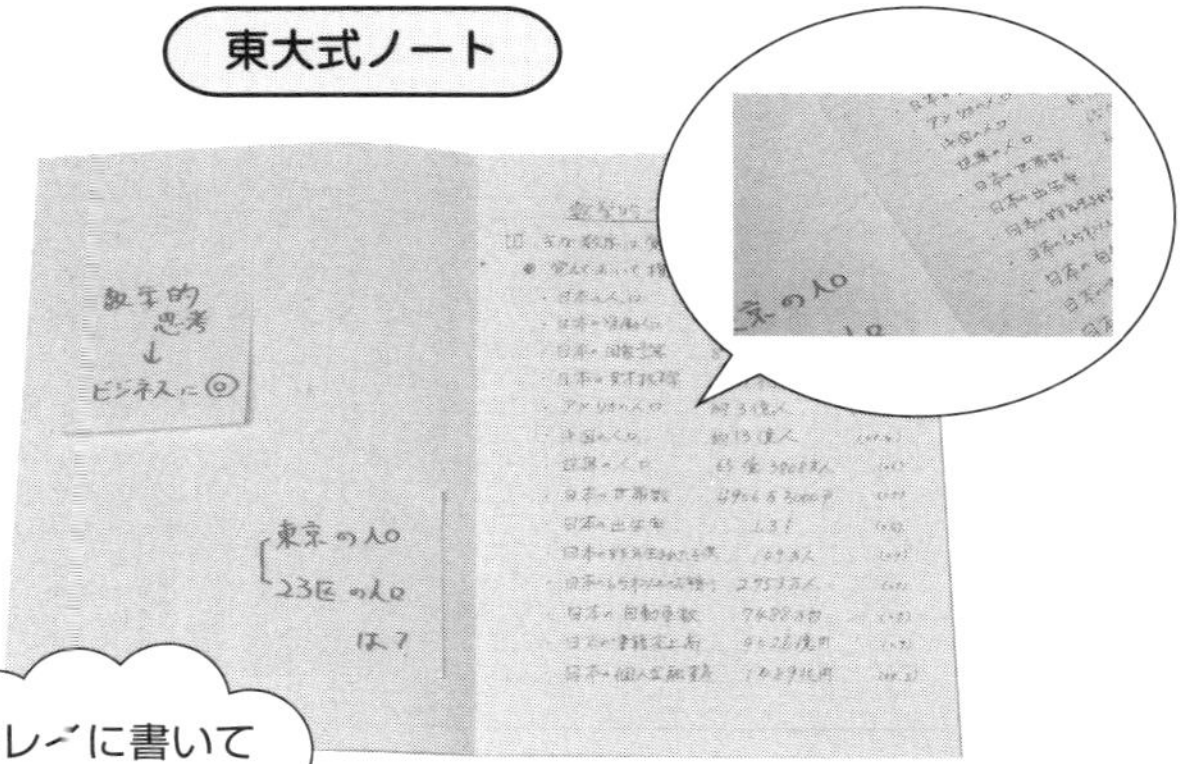

キレイに書いておくと、手書きでもコピーをとって人に渡せる

ルーズリーフワイド

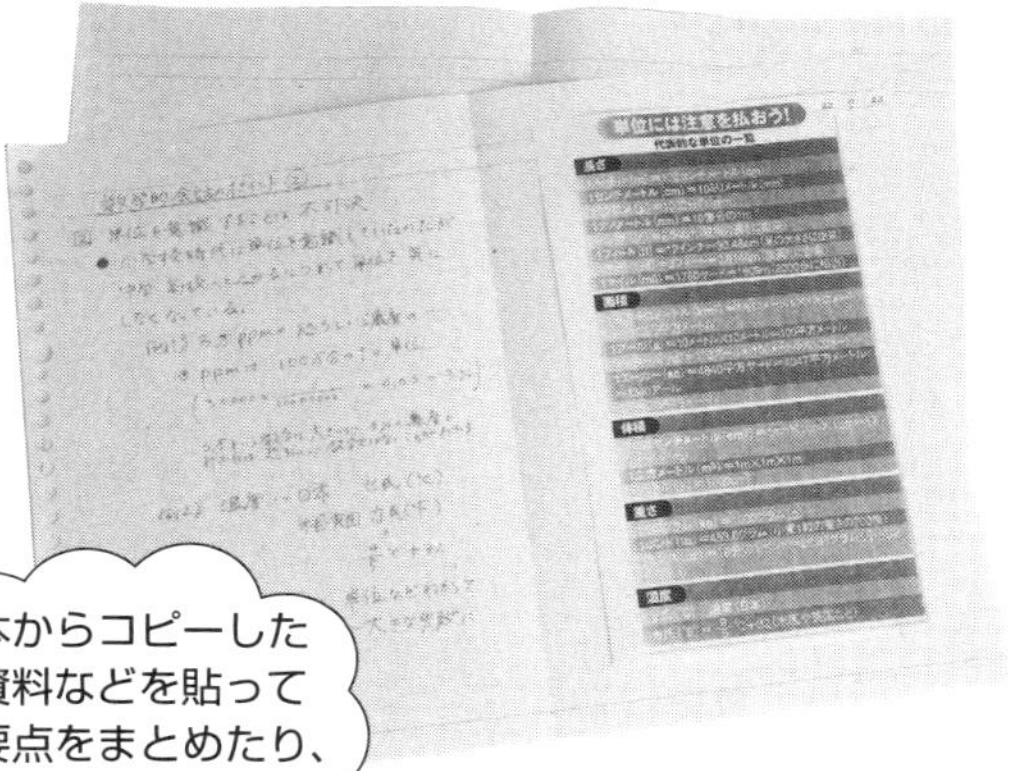

本からコピーした資料などを貼って要点をまとめたり、情報を補足するのに便利

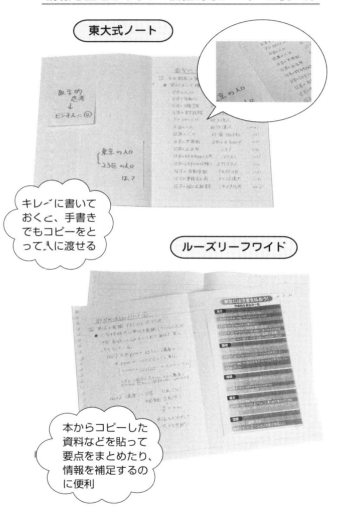

脳を活性化させるA4サイズの裏紙メモ

●裏紙でつくる〝大人のアイデア帳〟

Ａ４サイズの裏紙を適当なサイズにカットしてメモ用紙にしている人は多いだろう。しかし、大きなサイズの裏紙はそのままの大きさでメモとして使ったほうが脳を活性化させる効果がある。

この裏紙メモには、ふだんノートに書くように小さな文字でアイデアを書きとめる必要はない。むしろ大きな文字でキーワードを書き連ねたり、ぼんやりでいいから図や絵にして書き込んでいこう。そうすれば、いつもとは違ったアイデアが出てきたりするものだ。

たとえば、準備段階にあるプロジェクトについての打ち合わせなど、自由な意見を出し合うブレストの場にはこの「裏紙アイデア帳」を欠かさずに持っていたい。自由に手書きできる紙が大量に手元にあると、自分の考えをアウトプットするの

A4用紙の裏紙は「オトナの自由帳」

ミスコピーした用紙やいらなくなったA4サイズの書類は、大きめのクリップでまとめておく
思いついたことを何でも自由に書いてみる
家?
矢印?
クリップにひもを通して、邪魔にならないところにひっかけておいても使いやすい

情報を素早くメモしたいときに限って芯が折れる

手などを汚すこともなく使いやすいシャープペンシルだが、急いで書こうとしてつい力が入ってしまうと芯が折れやすいのが難点だ。そこでおすすめしたいのが、書くプロである速記者が使っている芯が太い9ミリのシャーペンだ。これなら芯が折れてしまう心配もなく、スラスラと書くことができる。

に便利だからだ。

ちなみに、このA4サイズの裏紙は「裏紙入れ専用」のクリアファイルに大量にストックしておくと便利だ。たとえば、会議室で打ち合わせするときにもこのファイルを持っていくだけで済む。

脳を活性化させるには、いつもパソコンと向き合っているだけではなかなか難しい。ときにはこのように大判のメモを利用して、自分の手を大きく動かして頭の中にある情報をアウトプットしたり、整理してみることも必要なのである。

ひとロアドバイス

メモ帳や手帳に書き込むときには、3色または4色ボールペンを使いたい。黒は通常、赤は重要、青は注意、緑は遊び的な発想などと色分けすれば、パッと見ただけでわかりやすい。

頭の中をスッキリ整理できる「メモ一体型手帳」のつくり方

●使い勝手のいい〝オリジナル手帳〟

ふだん使う手帳にとことんこだわりたい人は、手帳のスケジュール欄やメモスペースなどを手づくりするという手もある。リフィルのテンプレートを無料でダウンロードできるホームページを活用して、手帳やメモ帳の機能を果たす「マルチノート」を自分でつくってしまうのだ。

たとえば、出勤前や休日の朝の時間を活用して、勉強や習い事、交流会などで自分磨きに励む「朝活」を実践している人は、早朝の時間帯にも予定をしっかりと書き込めるスペースが必要になる。また、市販の手帳では小さくなりがちな週末のスペースにこそ仕事や趣味の予定を詳しく書き込みたいという人もいるだろう。

このようなダウンロードサービスはたくさんあるので、使い比べて自分に合ったテンプレートを見つけたり、またそのデータにさらに手を加えたりしながら活用してほしい。自分仕様の手帳ほど使いやすいものはないのである。

●スケジュール以外は「フリースペース」と考える

文房具売り場にはさまざまな種類の手帳が並んでいるが、自分の好みにぴったり合う手帳にはそう簡単には出会えないものだ。

市販されている多くの手帳のなかには、使う人によってはあまり必要がないページや罫線がどうしても入っているからだ。

そこで、スケジュールを書き込むのに必要なページ以外はフリースペースと考えて、枠や罫線などを気にせずにどんどん書き込んでいこう。

そもそも、手帳にフリースペースとして割かれているページはそう多くはない。手帳とは別に、罫線のない真っ白なページだけのメモ帳を持ち歩いている人も多いはずだ。

そこで、手帳の大部分をこのようなフリースペースとして使ってしまえば、「手帳」と「メモ帳」の2冊を持ち歩かずに済むようになる。

A3やB4サイズの書類を“冊子”にする方法

〈「朝活」が習慣化している人は〉

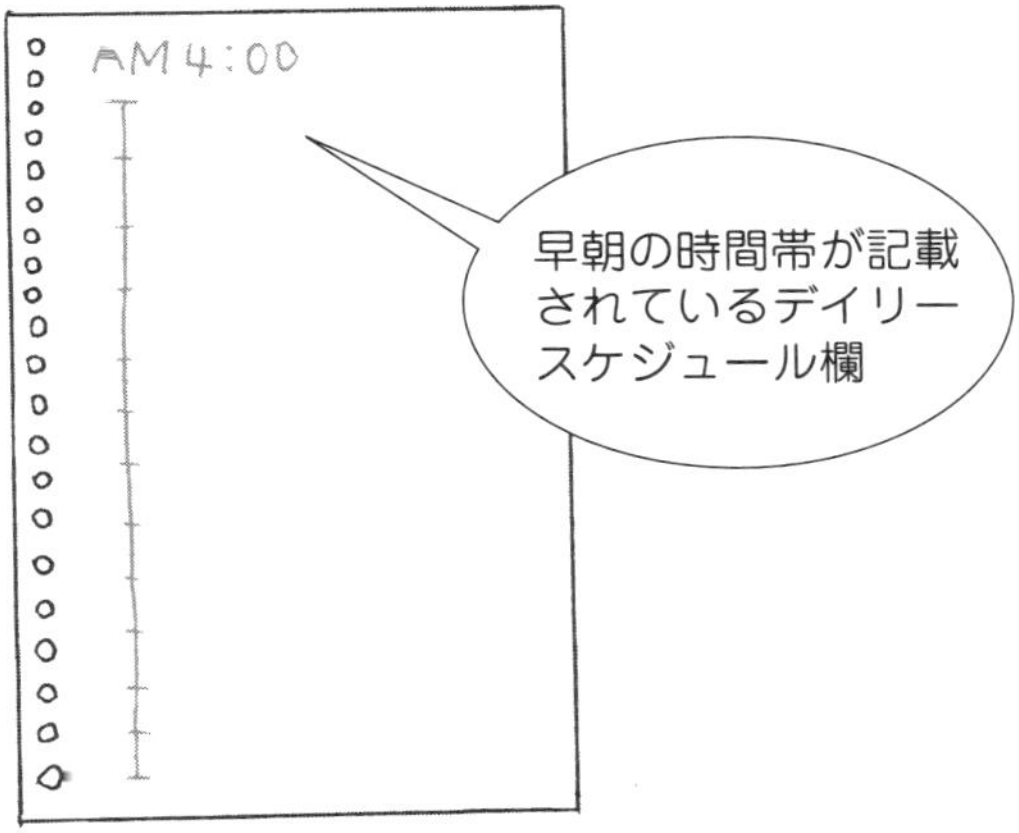
AM4:00
早朝の時間帯が記載されているデイリースケジュール欄

白紙のページや、罫線だけが入ったメモページも大量に用意しておこう

〈土日に働く人は〉

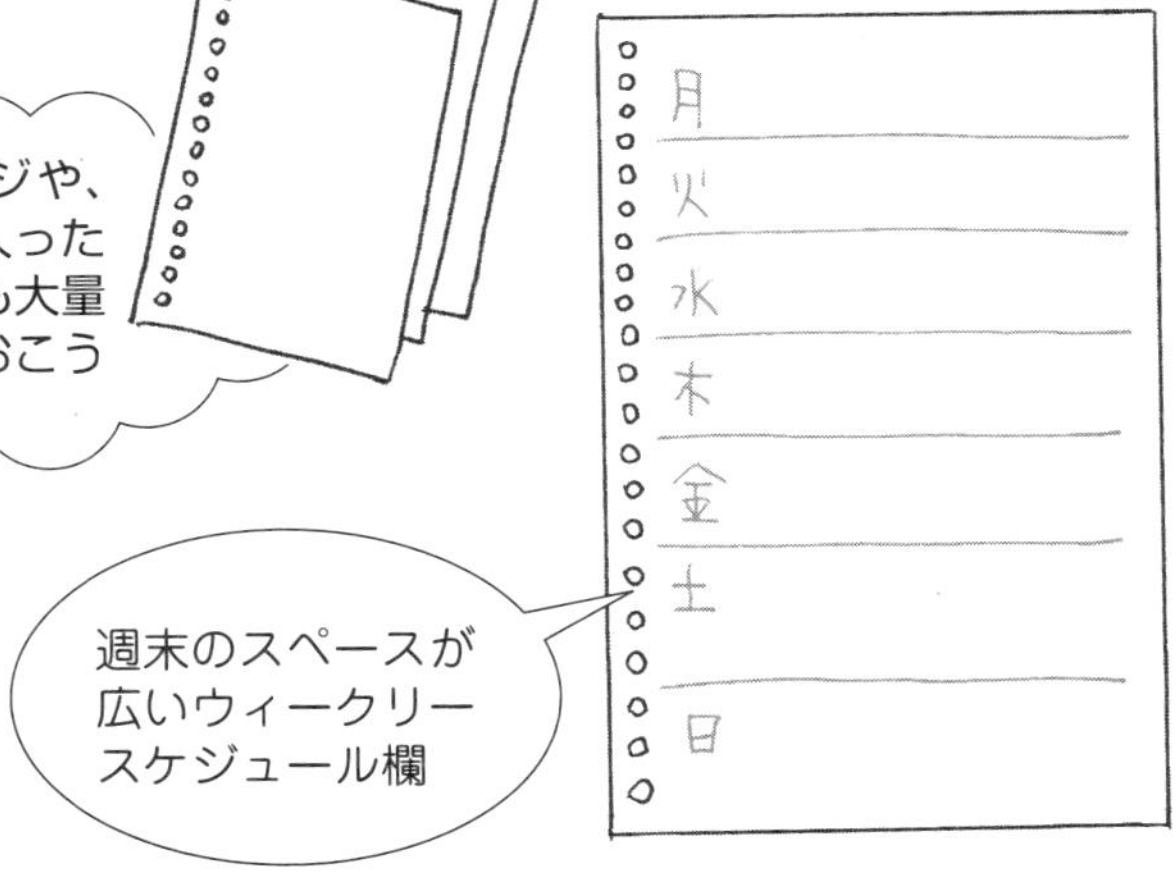
月
火
水
木
金
土
日
週末のスペースが広いウィークリースケジュール欄

手帳はお仕着せのまま使う必要はない

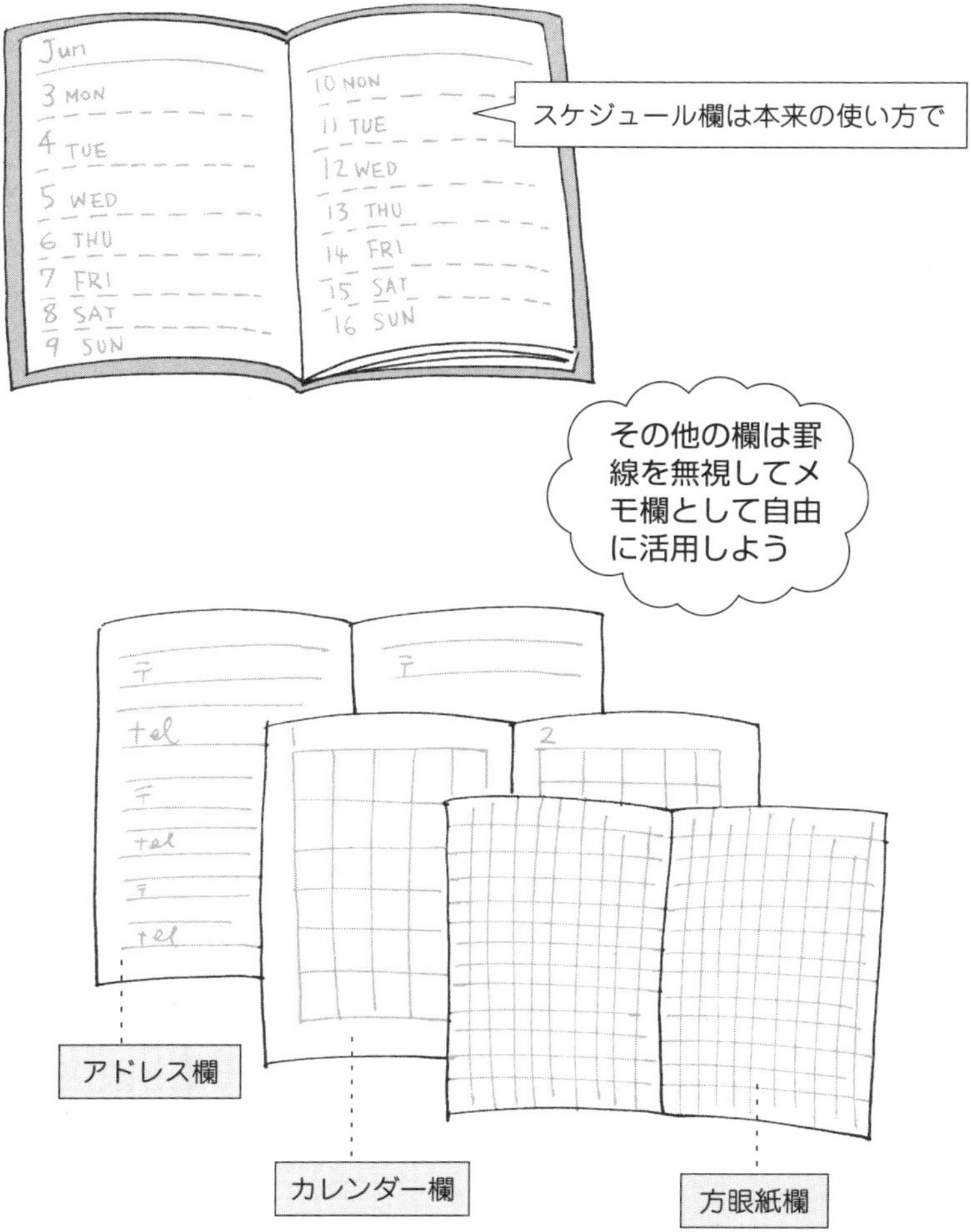

仕事のやる気が湧いてくる「単語カード」利用法

●1枚ずつはずしていけば進捗状況が把握できる！

英単語などを暗記するのに便利な単語カードだが、このカードの「束ねて持ち運びやすい」という特長を活かせば、暗記以外にもさまざまな用途で利用できる。

たとえば、単語カード1枚につき1つの予定や、するべきことを書いていき「ToDoリスト」として使ってみよう。裏にはその仕事や行動をいつまでに終えたいのかを書いておくのだ。

そうして、予定が終わったそばからカードを1枚ずつ外していけば、残っているカードの厚みを見れば進捗状況がひと目でわかり、「あと少しで終わるから頑張ろう！」というような目安にもなる。

また、外したカードは捨てずにノートや手帳などに並べて貼っていけば、スケジュールをもう一度確認して管理することもできるというわけだ。

単語カードを使ったTo Doリストの活用法

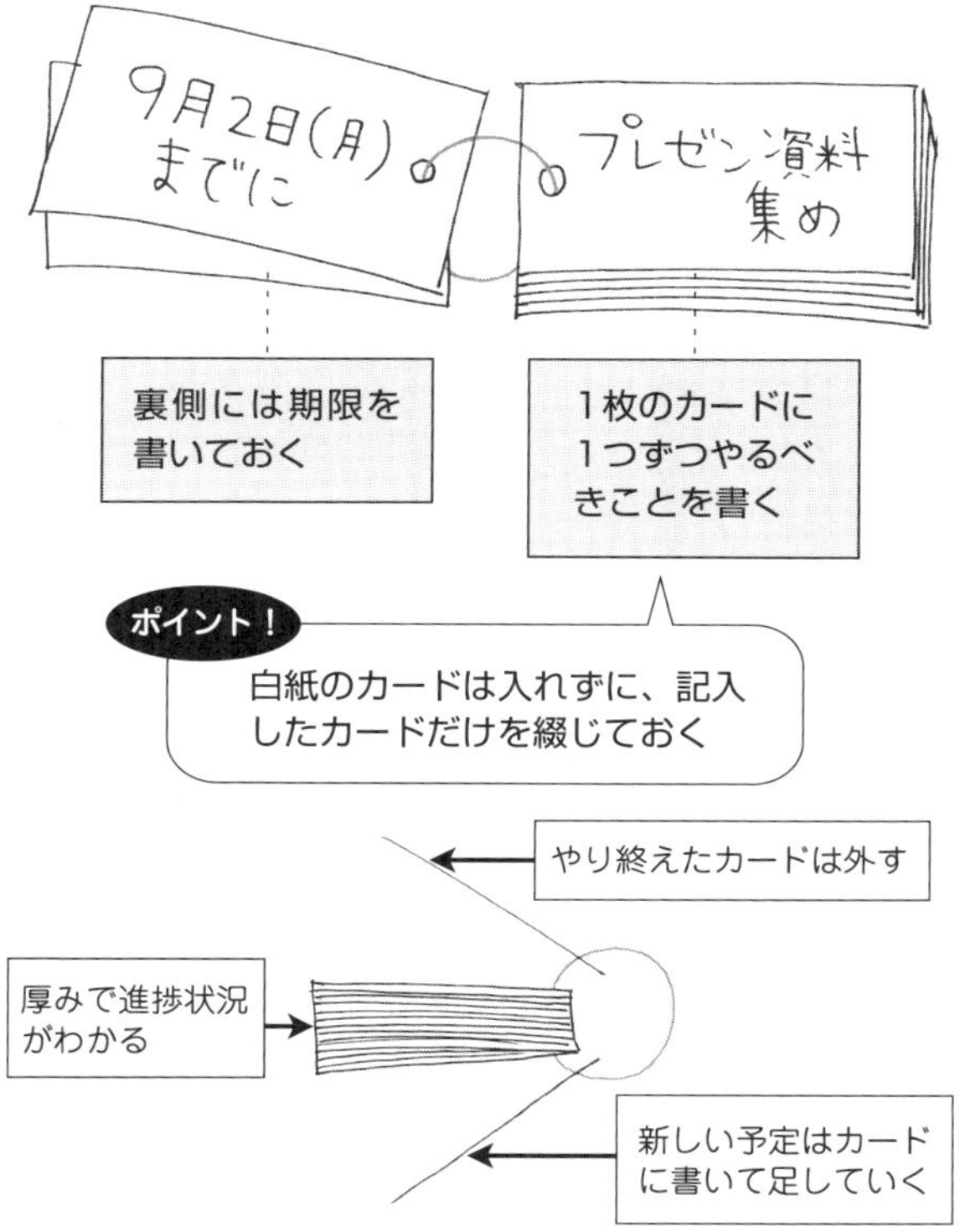

すぐ自分の目標を忘れてしまう人は

自分の努力目標や、参考にしたい名言などを書いた「モチベーションカード」は、首からぶら下げるIDホルダーの裏やデスクの回転式名刺ホルダーにセットしておこう。目標を視界に入りやすいようにしておくことで、常に高いモチベーションを維持できる。

その際に、新しい情報があれば書き加えていき、変更になったことは修正しておくといい。それがそのまま報告書の下書きにもなる。

また、単語カードは自分の仕事の目標や、先人の名言などを記した「モチベーションカード」にすることもできる。パソコンのモニターの下に貼っておくと、気分が落ち込んだときに自分を奮い立たせることができる。

こうして自分の目標を常に目で確認できるようにしておけば、やる気のスイッチもすぐに入るようになるだろう。

ひと口アドバイス

「京大式カード」とは、ふつうの単語カードより大きめのB6サイズで、ファイル用の穴が2つ開いているのでファイリングすることもできる。大きすぎず、小さすぎずのこのサイズは使い道を選ばない。

「帯メモ法」なら本の要点をすぐにチェックできる

●裏返しのままで巻き直すのがポイント

文庫からハードカバーまで、書店に並んでいる多くの本にはキャッチコピーが記された「帯」が巻かれている。この帯に書かれたおすすめコピーの効果でヒット作となった本も少なくない。

とはいえ、そんな帯も読者にとっては本を手に入れてしまえば無用のもので、なかにはすぐに捨ててしまう人もいるだろう。

ところが、この帯を裏返してみるとほとんどが何も印刷されていない無地になっている。

そこで、このスペースを利用して本の中の気になるトピックスやポイント、または人物相関図などを書き留めて「読書メモ」として活用してみよう。

また、心に残った言葉や文章などを書きとめておくと、その帯を見ただけで本の

最も残しやすい読書メモのスペースはどこ？

こんなことをメモしておくと便利

・ビジネス書………　実践できる内容や、読書中にひらめいたアイデアなど

・小説…………………　人物相関図やあらすじ、感想、物語の時代背景など

・哲学・心理学書…　要点のまとめ、実社会で活かせる点など

・エッセイ…………　心に残った言葉、読後の感想など

本につい書き込みをしすぎてしまう

ペンで線を引きながら本を読んでいると、いつのまにか線やメモを書き込みすぎて本当に重要な箇所がわからなくなってしまうことがある。そこで、本に書き込みをするときには「文字が消えるボールペン」や「消えるマーカー」を使ってみよう。書いたり消したりしながら、本当に重要なポイントを探すことができる。

内容を思い出すだけでなく、どんな状況で感動したのかなどが一気によみがえることもある。

1冊の本に書かれている情報は膨大な量だし、新刊は毎日のように書店に登場している。だからこそ、読んだ内容をその場ですぐに記録しておくことができる読書メモが重要になるのだ。

ちなみに、書き込んだ帯は裏返しにしたままで本に取りつけておくのがおすすめだ。そうすれば、いちいち本を開かなくても帯を見れば本の中味をチェックできて便利なのである。

ひと口アドバイス

読書メモを書いた帯をスクラップして読書ノートをつくるという方法もある。帯の裏表が見えるように透明のクリアファイルか、ブックタイプになっているクリアホルダーが便利だ。

打ち合わせでインパクトを与えるオリジナルボードのつくり方

●コンパクトサイズの携帯用ホワイトボードは〝100均〟でつくれる！

書いたり消したりが簡単にできて便利なホワイトボードはオフィスの必需品だ。最近では、その場でコピーができたり、パソコンとつないで取り込むことができたりなど進化している。

そんな便利なホワイトボードを社外でも使えるようにふだんから持ち歩くことができたらいいのに、と思ったことはないだろうか。

じつは、会議室によくあるようなホワイトボードの表面と同じ素材のシートは100円ショップなどで手に入れることができる。

そこで、これを手頃な大きさにカットして自分専用の携帯用ホワイトボードをつくってしまおう。この小さなホワイトボードが〝本物〟以上の効果を発揮してくれるのだ。

いつでも持ち歩けるホワイトボードのつくり方

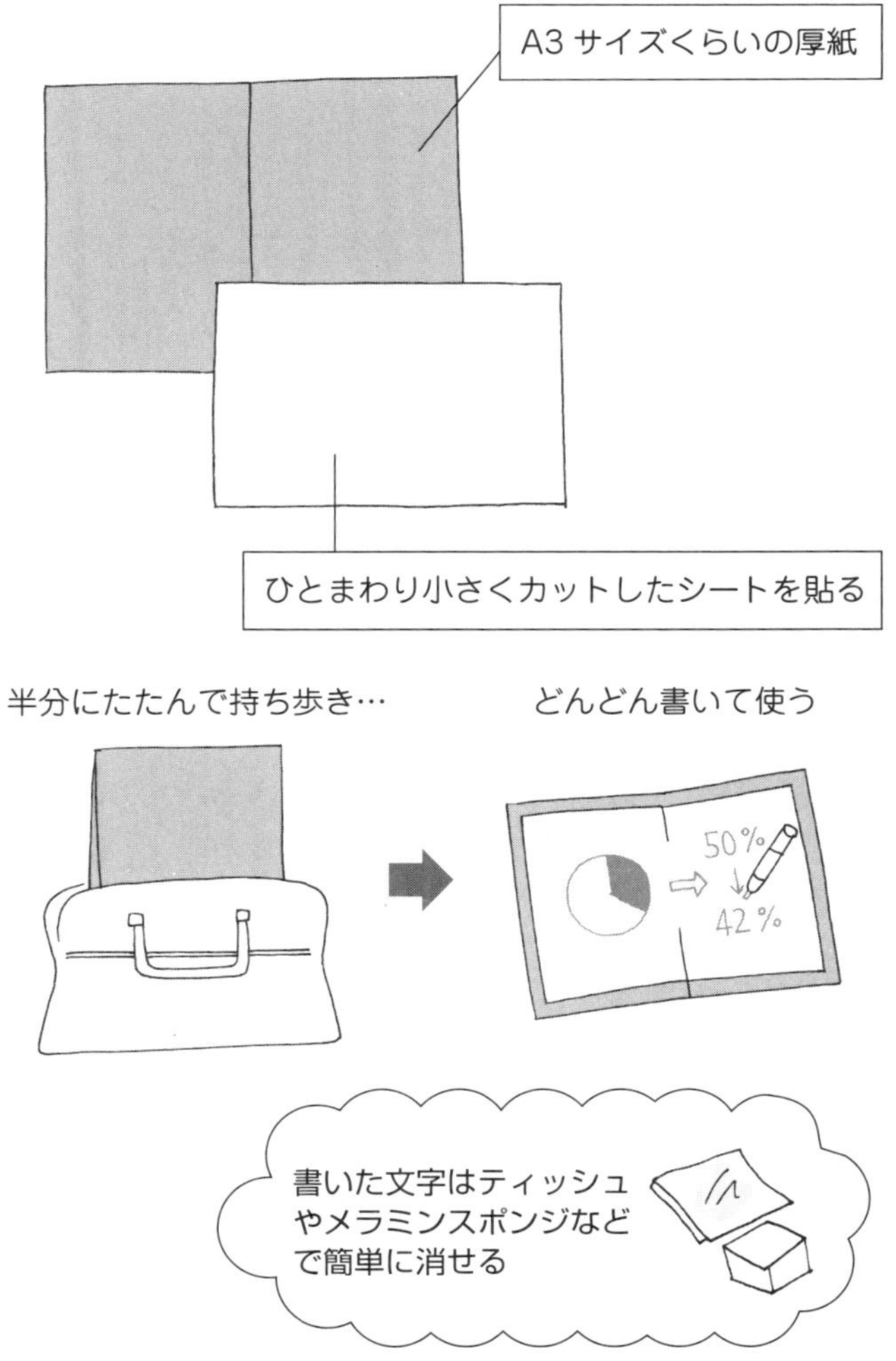
A3 サイズくらいの厚紙
ひとまわり小さくカットしたシートを貼る
半分にたたんで持ち歩き…
どんどん書いて使う
50%
42%
書いた文字はティッシュやメラミンスポンジなどで簡単に消せる

たとえば、社内で同僚や上司と仕事の打ち合わせをしているときにサッと広げて、お互いのアイデアを伝え合う。こうすれば、わざわざホワイトボードのあるスペースに移動する必要もないだろう。

また、社外での打ち合わせに持参すれば、先方と話をしながら次々とボードに書き込んでいける。

どんな小さなアイデアや提案でもわかりやすく相手に伝えるためには、図や表などでビジュアル化するのが効果的だ。そのためにも携帯式のホワイトボードは大いに役に立ってくれるのである。

ひとロアドバイス

持ち歩けるホワイトボードだけでなく、壁一面を使った大型のホワイトボードをつくることも夢ではない。何枚かのシートを壁に貼り付ければいいのだ。サイズも場所も自由に選ぶことができる。

仕事の効率が上がるちょっと変わったカスタマイズボールペン

●4色ボールペンにPDA用のペン軸をセット

最近では、3色や4色のボールペンを使ってメモを書き分けたり、ボールペンをそのままPDA（携帯情報端末）の入力用に使っているビジネスパーソンが増えている。

ようするに、4色ボールペンのうちの1色の芯をPDAや携帯ゲーム機の入力用のペン軸に取り換えているのだ。

電車の中などでいちいちペンを持ち替えるのは手間だし、紛失することもある。まさに忙しい現代人のニーズにあったペンの利用法だ。

また、仕事の効率を高めるアイデアグッズとして、ペンに取りつけるタイプの「紙めくり」も登場している。気になる箇所に線を引きながらスムーズに本のページをめくることができるのだ。

ペンをカスタマイズして多機能ペンを作る

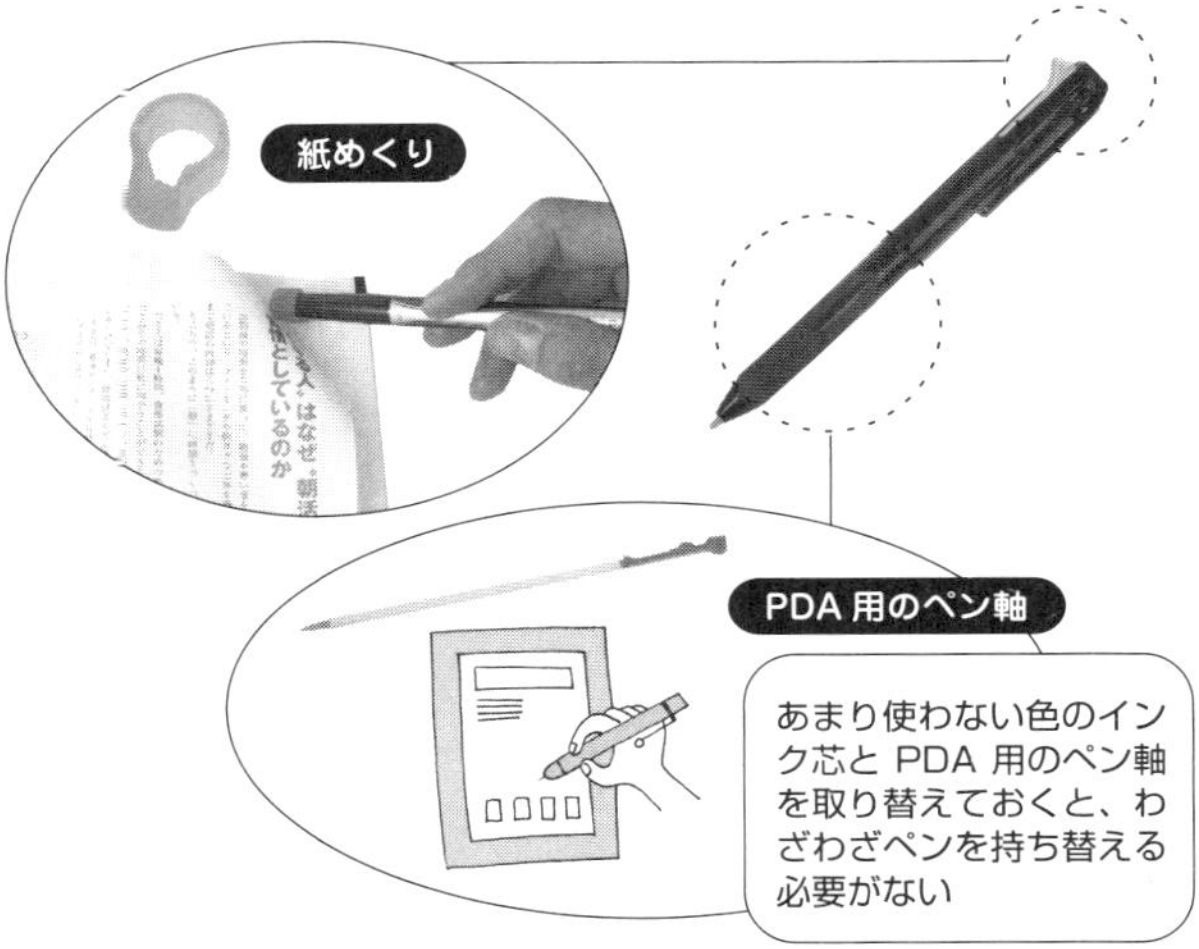
紙めくり
PDA 用のペン軸
あまり使わない色のインク芯と PDA 用のペン軸を取り替えておくと、わざわざペンを持ち替える必要がない

多くの情報を効率よく処理するには、ひとつで何役もこなせるスグレモノを使って、集中力を遮断する小さなロスをどれだけ省いていけるかが大切なのだ。

●オフィスで大活躍するホワイトボード用マーカー

クリアファイルに書類を入れて整理するときに、ホワイトボード用のマーカーを使って「企画書」や「スケジュール表」など、その内容をファイルの表面に大きく書いておくとわかりやすい。

水性のホワイトボード用マーカーなら、書いた文字をティッシュペーパーなどで簡単に消すことができるので次の仕事に

ホワイトボード用マーカーの意外な用途

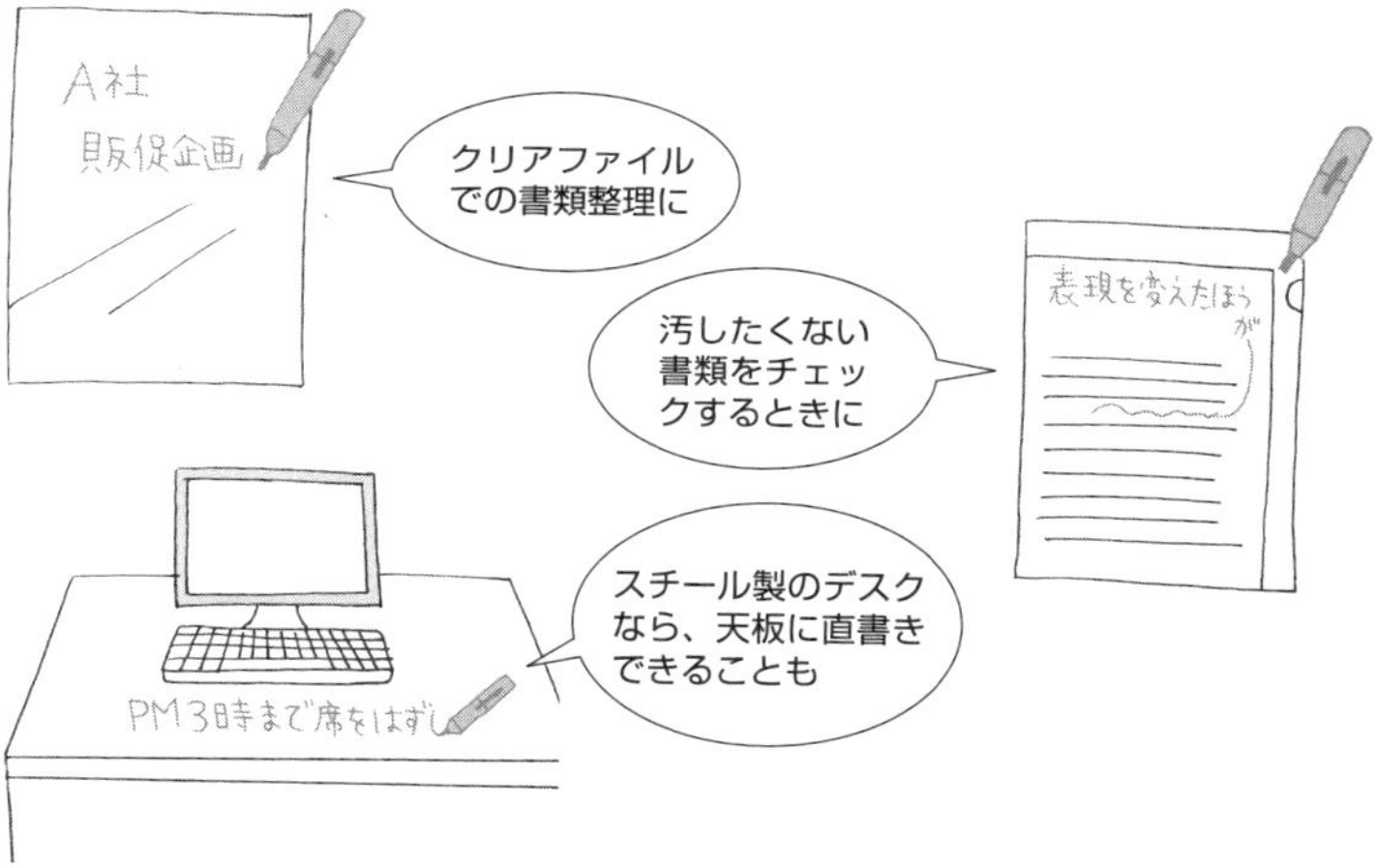

も使い回すことができる。

また、汚したり直接書き込んだりしたくない書類を社内で回覧するときにも、クリアファイルに挟んで回せば、「該当者は○月○日までに総務課まで申し出てください」など、クリアファイルに直接メモを書き加えることができるので便利だ。

ちなみに、ホワイトボード用マーカーはプラスチック面ならたいてい書くことができる。

たとえば、離席している旨のメッセージをペン立てやタンブラー、机の上に直に書くこともできる。これなら使い捨ての付せん紙よりも環境に優しいというわけだ。

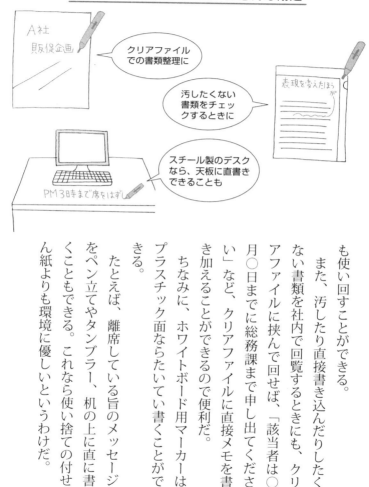

Column

方眼ノートの使い方

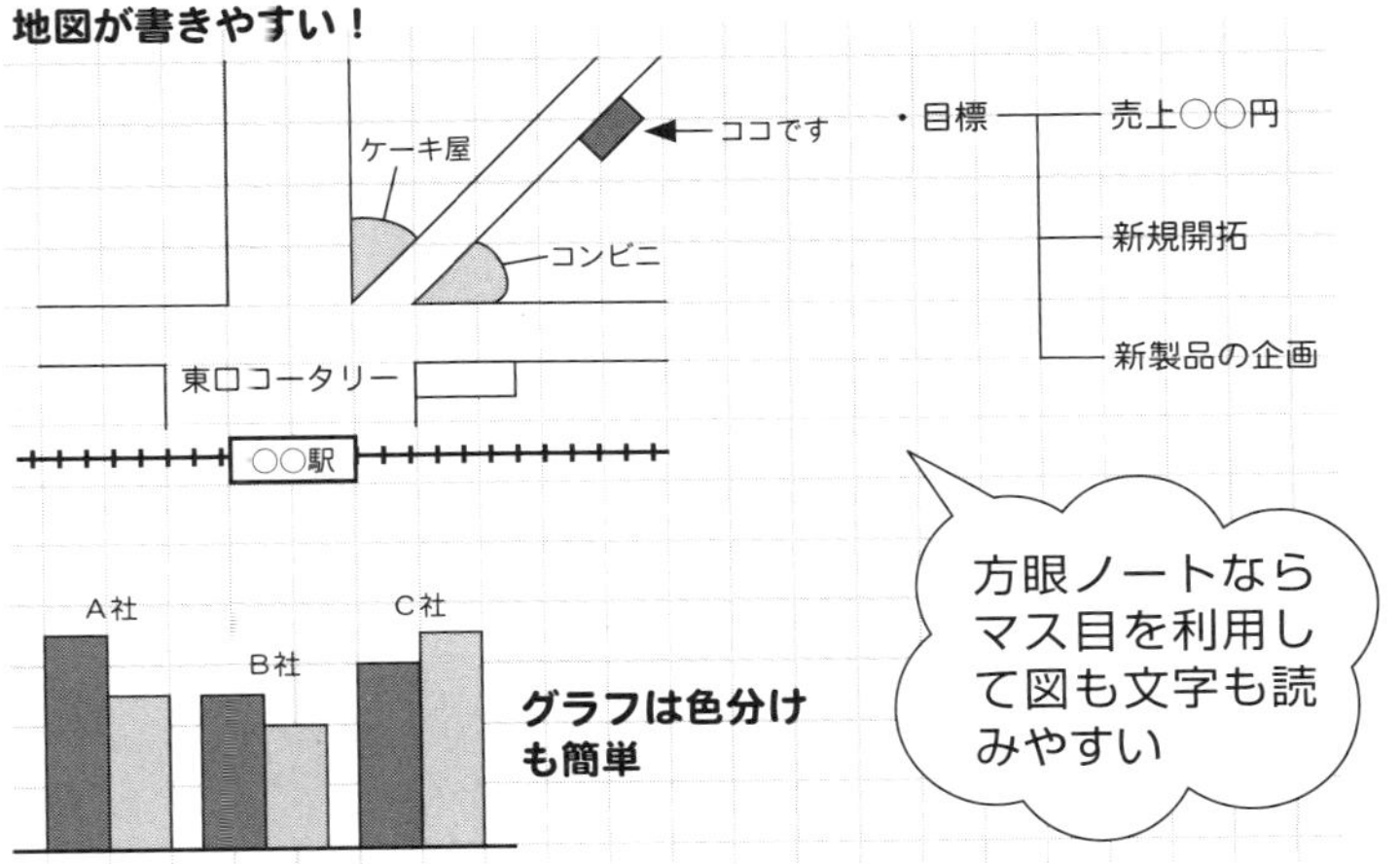

●現状分析や対象を比べるには方眼紙が最適

アイデアを自由に膨らませたいときは、書くほどに言葉や映像が浮かんでくる白地のノートがおすすめだ。

しかし、論理的思考で系統立てて説明しなければならない企画書のような場合には、方眼ノートで下書きをしたほうがいい。

たとえば、「円高になれば海外旅行者が増えて旅行会社が儲かる」ということを「→」などの記号を使って書き示すと、「円高→海外旅行者増→旅行会社→収益増」と、まとめることができる。ようするに、何がどうなったかということをわかりやすく書き出せるのだ。

また、「A社＝成約、B社＝保留、C社＝破談」という結果を分析するときも、この３社を縦に並べてそれぞれの理由を書いていけば比較・検討がしやすくなる。

現状を図式化して分析したり、対象を比較したりするには、マス目の入った方眼紙のほうが圧倒的に効率が上がるのである。

Chapter 4

一流の「分析力」を身につける整理法とは？

情報ソースは複数持つのが鉄則

昔話の『桃太郎』では、鬼は当然のように悪役として描かれているが、この物語を桃太郎に殺された鬼の子どもの目から描いた絵本がある。そう聞くだけでも、とたんに物語の受け止め方が変わってしまうのではないだろうか。

同じ情報でも、どの立場で伝えているかによって印象はガラリと変わるものだ。それを意識するために役立つのが新聞の読み比べである。

各新聞社が掲げる理念や想定している読者層によって、同じニュースでも伝え方は驚くほど異なる。そのことがわかっていれば、与えられた情報を鵜呑みにするのではなく冷静に分析できるようになるはずだ。

経済や政治などの専門書についても同じことがいえる。筆者の立場によって、同じ情報を解説していても論調はまったく異なることも多い。

つまり、情報の本質を正確にとらえたいと思ったら、複数のソースに当たるのは必須なのだ。いつものニュース番組だけを見て正確な全体像を把握できるわけはない。

第三者の口から伝えられる情報は、何らかのバイアスがかかった状態だと肝に銘じておいたほうがいい。常に批判的な目線と冷静な検証ができることが、お仕着せの情報に惑わされないための条件なのである。

情報の全体像はSNSで拾い上げる

著名人であれば、ブログやツイッターなどのSNSを利用している人が多い。これはあくまでも一方的な発信ではあるが、メリットといえばメディアに切り取られずに生の声を発信できることだろう。

政治家にも、SNSを積極的に利用する人が増えている。彼らの発言はニュースとしても取り上げられるが、恣意的にせよそうでないにせよ、切り取られて発言の一部しか報道されないことも多いようだ。

公平な立場を保ち、本当に必要なものを見極めるためにもＳＮＳは有効に活用したい。政治家や政党のブログやツイッターを複数チェックしておけば、切り取られる前の生の情報に触れることができて判断材料を増やすことになる。

物事を正確に理解するためには、情報の内容を公平に判断する必要がある。そのためには、情報の発信元も選ばなくてはならないのだ。

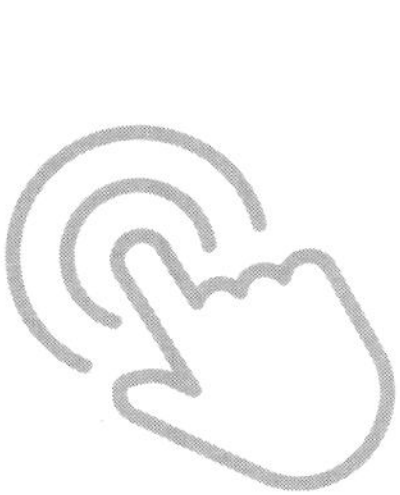

書き込んでこそ価値が出る本もある

モラルの低下が叫ばれる昨今では、図書館の本のページを切り取ったり、書き込みが問題になっている。本に付せんを貼ったまま返却する人が多いのも話題になったことがある。

とはいえ、購入した本は別で、書き込みをしたり付せんを貼ったりしてこそ内容をより深く理解することができる場合も多い。

ビジネス書や専門書などはそのいい例で、何回も繰り返して読み、線を引き、余白に書き込み、メモを貼りつけることで自分のものにすることができる。

学生時代に教科書や参考書にマーカーを引いたり、書き込みをしたりした経験がある人も多いと思うが、それと同じ感覚で本の内容を理解していくのだ。

本に書き込む習慣がない人は少々ためらってしまうかもしれないが、その場合は前述のとおり、半透明の付せんを貼ってその上からペンで書き込んでいけばいいだろう。

書き込みを繰り返すうちに、オリジナルの1冊が出来上がっていく。そこから得られるのは、自分だけの視点で精査した有用な情報だ。ただ漫然と何回も読んでいるだけよりも、ずっと効率よく理解を深めていくことができるはずだ。

買った当時のままできれいに保管されているものよりも、使い込んでくたびれた1冊こそが何倍も価値のある存在になることもあるのだ。

アイデアは〝きっかけ〟さえつくれば湧き出てくる！

ビジネス用語で、集客のきっかけになる要素のことを「フック」という。アイデアをひねり出そうとして四苦八苦しているときに役立つのが、発想のきっかけになるフックをいくつか決めてしまうことだ。

発想にはきっかけが大切で、なんらかのキーワードを設定しておくと、それを起点として次々と新しいアイデアが浮かんでくることもある。

ためしに掃除機について考えてみる。便利、小型化、デザイン性という3つの視点をフックとして、そこからアイデアを深掘りしていく。

便利というフックからは、「スマホと連動」「見守り機能」、小型化からは、「置き場所は家具の隙間」「軽量化で高齢化対策」、デザイン性からは、「リビングにおけるデザイン」「木の家に溶け込む」など、どんどんと発想を広げていくことができる。

さらに、アイデアを広げるうちに新たなフックを見つけることもできる。前段の例なら、高齢化対策、ＩＴなどが新たなフックになり得るだろう。

頭の中で考えていることも、ちょっとしたきっかけをつくれば途端に具体的なものとして言葉にすることができる。発想のフックというのは、アイデアの海の中から目の前の事案にぴったりなものを探し当てるカギになるものなのだ。

「なぜ?」を繰り返して失敗の本質をあぶり出す

失敗したときには誰しもが落ち込むものだし、できることなら忘れてしまいたいはずだ。だが、失敗したときこそしつこいくらいに繰り返し反芻《はんすう》し、原因を追究して再発しないように対策を講じなければならない。

その方法が、WHYを5回繰り返す〝5W〟だ。これは、かの有名なトヨタ式の思考方法で、同じ問題に対して5回の〝なぜ〟を繰り返し問うことで、安易な結論でごまかさずに原因を徹底的に究明していくやり方である。

まず、発注ミスがあったとしよう。これについて5回の〝なぜ〟を繰り返すと、計算ミスをした↓疲れていた↓残業が続いていた↓人手が足りなかった↓研修が重なって人員をそちらに割いていた、というようになる。

もし1回目で終わっていたら、発注者が計算ミスをとがめられて終わってしまうに違いない。これでは大元の問題を正したことにならない。5回繰り返したことで、研修プランのミスが判明したことになるのだ。

つまり、ひとつの失敗の陰には複数の連鎖する原因が隠れているもので、それらをすべて明るみに出さなければ同じ失敗は繰り返されてしまう。

それを防ぐためにも、しつこいぐらいに原因を問う〝5W〟が非常に有効な方法なのである。

成功事例こそ〝分析〟が必要な理由

テストを受けたときに、不正解だった問題は自宅に帰ってから再度解き直し、考え方や、やり方のどこが間違っていたのかを確認するはずだ。失敗したときこそ、そこから学ぶことが多いというのはビジネスでも同じである。

一方で、正解した問題について振り返ってみる人は意外に少ないのではないだろうか。何も考えずに○をつけて終わりにしてしまうのは、じつにもったいない話だ。

なぜなら、こうすれば成功するというケーススタディが目の前にあるというのに、みすみす見逃すことになるからである。

成功事例についてどこがよかったのか、決め手は何だったのかということを考えてみたら、じつはそこにも学ぶべきことはたくさんあるのだ。

また、改めて分析してみたら、なるべくして成功したケースばかりではないことがわかる。一歩間違えたら失敗していた、ただ単にタイミングがよかっただけだったということがわかって肝が冷えることもあるかもしれない。

そのすべてが貴重な勉強材料だ。失敗と成功の分かれ道がどこにあったのか把握しておくことで、次に生かすことができるはずだ。

勝って兜の緒を締めよというように、浮かれていると足元をすくわれることがある。勝ち続けるためには、常に身を引き締めて貪欲に学び続ける姿勢が大切なのである。

情報は常に見直してから処分する

情報収集はビジネスの基本だが、その情報は使ってこそ意味がある。ただ集めて蓄えておくだけでは、意味がないどころか必要な情報にたどり着くのに邪魔になってしまうことがある。

そうならないためには、あらかじめ不要な情報は手元に置かないように意識したい。

情報は鮮度が命だ。いつか使うかもしれないからととっておくといつのまにか古くなってしまうし、そんな情報があったことすら忘れてしまうことになり、単なる場所ふさぎになるだろう。

手元にある情報も定期的に見直して不要なものは潔く処分したい。雑誌や書籍だけでなく、パソコンにあるデータも必要なものだけを残して削除していけば、作業スペースは常にすっきりと保てるし、必要な情報にアクセスするのもスムーズだ。

ムダなものをそぎ落とせば、本当に必要なものが見つけやすくなるのである。

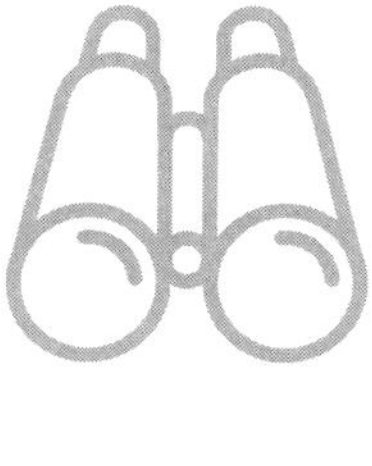

新書を通して情報のポイントを読み解く

インプットとアウトプットは情報処理の基本だが、まずは多くの情報をインプットできなければ話が始まらない。効率よくインプットしてスムーズにアウトプットすることで、作業効率は飛躍的にアップするのだ。

それを可能にする重要なキーワードが〝面白さ〟だ。知的好奇心を刺激するものはどんどん吸収できるもので、たとえば電車が好きな子どもが膨大な数の車両の種類を覚えているのは、知りたいという本能に従ってインプットを続けた結果である。

少々頭が固くなった大人であっても、知的好奇心を刺激することに対しては、義務感からではなく「もっと知りたい！」という欲求さえあれば積極的にインプットできる。

そこで、少しでも面白くインプットするためにできる限りの工夫をしてみたいのだが、意外と役に立つのが子どもや学生向けの雑誌や新書の類だ。

新書では、第一線で活躍するエキスパートが著者となり、さまざまな分野のテーマを比較的平易に解説してくれている。

子ども向けの雑誌や学習漫画も侮れない。図解や写真なども交えて子どもにも理解しやすくなっているため、情報を頭に入れる段階で整理することができるのだ。

ハードルの高い情報源にいきなりあたるより、まず取り組みやすいもので素地を固めるのが賢いやり方なのである。

理数系の人は情報整理も数字にこだわる？

数字やデータには強いという自覚がある理数系思考の持ち主なら、情報の整理にもぜひその強みを生かしたい。

情報に含まれる数値を分析して切り口を変えて整理したり、目標達成についてのロードマップに具体的な数値目標を盛り込んでみたりとその活用方法は幅広い。

データに裏打ちされた情報は、一気に信用度が高くなる。最大のメリットは、数値化することにより周囲への説得力が格段に上がることだ。

たとえば、「今年の製造業は全体的に好調で云々…」という情報があったら、前年と比較した売り上げ実績や、ランキング上位企業の売上高など、具体的な数字はいくらでも上げることができる。

つまり、情報を数字の側面から整理することができれば、その有用性も上がるというわけなのだ。

ツイッターやブログユーザーは日記風に整理する

試験勉強にしても仕事にしても、コツコツと続けることがもっとも確実な習熟方法だ。いったん習慣にしてしまえばやらないほうが気持ちが悪いという感覚になるもので、こうなったら苦ではなくなるだろう。

勉強はなかなか続かないという人でも、ブログやツイッターなどはマメに書き込めるというなら継続する能力は高いといえるだろう。

そんな人にうってつけなのが日記型の情報整理である。たとえば、

「1日分の情報」を帰宅したその日の夜にまとめて確認し、それをカテゴリーごとに振り分けて整理するのだ。

ツイッターの利用者ならひとつの情報を140字程度にまとめるのはお手のものだろうし、ブログなら見せ方も工夫しながらまとめるクセがついているだろう。

いずれにしても、今日1日の流れを振り返り、印象に残ったことや大切だと感じることを記録するのだ。構えてのぞむよりも、日頃から親しんでいるツイッターやブログの書き込みの延長のような感覚なら長続きするはずだ。

情報の流出の危険がある以上、実際にツイッターやブログに上げることはおススメしないが、〝記事感覚〟で楽しめればそれでいい。書きためた記事はフォルダに分けて管理していつでも取り出せるようにしておこう。

周辺情報を集めて戦術的に仕事を進める

いざ仕事にとりかかろうとして、何から手をつければいいのかわからないということがある。

特に、企画のもとになるアイデアを出すとなると、雲をつかむような状態からポッといい案を思いつくはずもなく、あれこれ煩悶しているうちに時間だけが過ぎていってしまう。

そんなムダを避けるためには、まずは周辺情報を収集することから始めたい。

たとえば、今度の企画にはどのような要素が入ることが望まれているのか、そして決定権を持つ人はどんなものをほしがっているのかをリサーチするのだ。

もちろん、本来めざすべきは消費者の心を動かしたり、新規の顧客を開拓するためのアイデアだったりするだろう。だが、自分が下の立場だったらまずは上司を説得できなくては意味がない。

それに、事前情報を得ることで方向性も明確になる。まずは、そこに向かってスタートを切ればいいのだ。

もちろん、期待されている通りのアイデアだけを出しても、正直仕事としては面白くもなんともない。

そこで、上司の意向に沿うようなアイデアが形になったら、今度はそれをたたき台にして真逆のアイデアを考えてみるのだ。

そこに自分のいままでの仕事の経験から得たことを落とし込んでみると、意外性のあるものができたりするかもしれない。

事前ロールプレイで「いつも通り」の自分を出す

はじめて経験するハードルの高い仕事を前にすると、緊張してしまうのは誰でも同じだが、あまりにもストレスが大きくなりすぎると、うまくいくものもいかなくなってしまう。

そういうときに、「ダメだ、ダメだ、がんばれ…」と自分を鼓舞するのは逆効果だ。うまくやろうと思うほどよけいに緊張して、つまらない失敗をしてしまうのだ。

では、どうすればいいのか。ふだんからハードルの高い仕事に対応できるようにロールプレイしておくのだ。

身近にいる上司や先輩の行動をよく見ていると、どんな状況のときにどんな対応をするのか、どのように話すのかなどの処し方が見えてくる。それらをよく観察しながら、「もし、自分だったら」と考えるのだ。

自分だったらこういう場合にはこう対処するとか、こんな言い方をしたほうが相手には伝わるだろうなどと、できるだけ具体的にイメージして練習しておくのである。

そうしておくと、いざ自分がリーダー的な立場に立ったときや、難しい案件を担当することになった場合に、いつも通りの自分でやればいいと思えるので、必要以上に緊張することがなくなるのだ。

これは、いわばスポーツ選手がやっているイメージトレーニングと同じで、事前に準備することで平常心で本番に立ち向かうことができるのである。

Ｔｏ Ｄｏリストはプロセスを分解する

その日のうちにやらなければならない細かな仕事が山積みになっているとき、やり忘れることがないように多くの人がやっているのがＴｏ Ｄｏリストの作成だ。

やるべきことを箇条書きにして、終わったものから消していく。

朝にリストを作成しておけば、やり残す心配はないだろう。

ただ、「○○さんに電話をかける」とか、「上司に△△の件について報告」といったことならすぐにできてリストから消すことができるが、「報告書を作成する」といった、ちょっと時間のかかる面倒なことは後回しにしてしまいがちだ。

これは、書類づくりに着手しようとしても、まずはどこから始めようかと考えあぐねてしまうからだ。ほかにもやるべきことがたくさんあると、その考えている時間がもったいないのでどんどん後回しにしてしまうのである。

そこでリストに書く際には、すぐに実行できる言葉で記入しておくといい。

たとえば、「報告書の作成」とひとまとめにするのではなく、「会議のノートを整理する」とか、「報告書の下書き」などと具体的に書くのだ。

そうすれば、時間をロスすることなくすぐに実行に移すことができる。手をつけるのが億劫で、リストアップしておいたのに結局何もしなかったということがなくなるのだ。

仕事に追われないために達成度をグラフ化する

日々、仕事に追われてばかりだと、ただ疲労するだけでやりがいも何も感じられないのではないだろうか。

それがエスカレートすると、いったい自分は何をやっているんだろう…とモチベーションまで下げてしまうことになりかねない。

そうならないためには、自分が1日でやるべき仕事をどこまでこなしたか、その達成度を毎日グラフにしてみるといい。

タテに達成度（パーセント）、ヨコに日付を書いた紙を用意し、

1日の終わりにその日に何パーセントまでできたかを棒グラフにして、自分の仕事の達成度を可視化するのだ。

こうやって自分の仕事と時間を確認していくと、ただがむしゃらに仕事しているときには気づかなかった現状を把握できる。

もちろん、達成率が低い日もある。しかし、グラフに書き込むことで、なぜ達成できなかったのか、その原因を確認することもできるのだ。

報告書の作成に不可欠な「3R」を満たせ

ビジネスマンの重要な業務のひとつに報告書の提出がある。ただし、見たまま聞いたまま、あるいは調べたことをただ書いただけの報告書では能力自体を疑われてしまう。

読んで価値があると思わせる報告書をつくるコツは、必ず3Rを盛り込むことだ。3Rとは「research（リサーチ）＝調査」「result（リザルト）＝成果」「risk（リスク）＝危機」のことをさしている。

まずリサーチは、自分で調べたことだ。ただし、ネットや本、新聞で見たことをそのまま書き写すだけではもの足りない。自分で足を運び、見たこと、聞いたことを盛り込むことで、情報にリアリティと説得力が生まれて読む人をうならせるのだ。

リザルトは、自分の考えや結論、つまり考えられるプランである。リサーチしたことはあくまでも客観的な事実だ。それをもとにして自分はどう考えたのか、どこに注目したのか、そしてそこからどんな展開を思いついたのかのビジョンやアイデアを明確にするのだ。

それらが本当に実現するかどうかは別にしても、そこに自分の発想力やセンスが反映されるのだ。

そしてリスクは、それらを踏まえたうえで想定できる今後の危険性である。いいことばかりではなく、避けるべき事態もある。それをあらかじめ予想して早めに対応策を考えておくのである。

これらを確実に盛り込むことで、将来性があり、実行する価値のある報告書が生まれるのだ。

アイデアの貯蓄を有効利用できるデジカメ活用法

スマホがあればデジカメはいらないという声に押されて一時は不人気だったデジカメだが、最近はデジカメならではのよさが見直されて再び注目を集めている。

その最大のメリットは、アイデアや情報、知識を貯蓄するのに向いている点である。

たとえば、街を歩いているときに仕事に役立ちそうな店やディスプレイなどを発見したとする。そこで、それらを撮影をするとしたらスマホよりもデジカメのほうが速い。しかも高画質だし、夜など光量が少ない状況でも鮮明に撮影できる。

スマホのカメラはあくまで機能のひとつでしかないが、デジカメはまさにカメラそのものである。撮影に関してはスマホよりもはるかに優れているのだ。

また、デジカメだからこその使い方もある。

たとえば、セミナーや会議で室内の照明を落としてパワーポイントを使って話す人がいる。そんなとき、手元が暗くてノートがとれない場合は、デジカメでスクリーンを丸ごと撮影すればいいのだ。

このようにしてデジカメで集めたアイデアや情報、知識は、パソコンに落とし、整理したり加工したりすることができる。これぞまさに「貯蓄」する感覚だ。

スマホよりも使いやすくて機動力があるデジカメを使いこなして、自分自身のグレードアップに活用できるというわけだ。

使い終わった資料は新しい発想の宝の山

ひとつの仕事が終わると、使った資料はバインダーに綴じるなどして棚にしまう場合がほとんどだが、そうするとそれらの資料は誰の目にも二度と触れなくなることが多い。

しかし、よく考えてみてほしい。もったいなくはないだろうか。もしかしたら、まだ利用価値のあるものだったら、新たな発想を生み出すヒントになるものが眠っている可能性は十分にあるのだ。

そこで視点を変えてみるといい。使い終わった資料を〝宝の山〟

だと考えるのだ。すると、いずれ年末の大掃除のときにまとめて捨てるだけだと思っていた無用の紙の束が輝いて見えてくる。

たとえば、ボツになったアイデアのメモが次の商品開発のヒントになるかもしれないし、途中で中止になった企画が思いがけなく生き返るかもしれないのだ。そこからまったく別の発想が生まれることもある。

そこには価値のある情報やアイデアがぎっしり眠っている。それを生かさないという手はないだろう。

大切なのは、使い終わったからといって手の届かない場所に保管するのではなく、何かピンとくるもの、気になるものがあれば、常に手元に置いておくことだ。改めてまっさらな気持ちで眺めることで、新しい発想につながる可能性がグッと広がるわけである。

使い終わった資料にも、まだまだ十分に利用価値があるのだ。

Chapter 5

今の状況を知ってこそ、「戦略力」は磨かれる

重要な決断を下せる2つの視点とは

ビジネスには、決断を迫られる瞬間が少なくない。Aを選ぶかBを選ぶかによって、その仕事の結果はもちろん、ときには会社の行く末や自分の将来を分けることもある。正しい選択をすべきなのはいうまでもないが、しかし、それがなかなか難しい。

決断のときに必要なのは、短期的視点と長期的視点である。

人はどうしても目先のことを考え、近視眼的な見方で物事を決めてしまうことが多い。これはまさに短期的視点による産物だ。もちろん、それが必ずしも間違いというわけではない。

しかし、その場限りの応急処置的な対応になりがちで、すぐに次の新たな問題が生じ、それが問題の連鎖を産むこともある。

そこで、それを避けるために重要なのが長期的視点である。

具体的にはまず、その案件や会社、自分について、将来への展開を予想することが必要だ。それにより、より正しい未来を選択できるはずだ。そして、すべての選択肢についてメリットとデメリットを考えることも不可欠だ。これにより、なるべくリスクを抑えることが可能になるのである。

これらを少しでも正確に導き出すには、案件の将来性、世の中の動向や景気の先行き、自分自身の年齢や収入などの諸条件も熟知しておく必要があるので、ふだんからの下地づくりも重要だ。

そして、これらを確実に満たすことにより、重要な決断をするときも冷静な判断ができるのである。

自分を客観的にチェックし成長させる「メタ認知」とは

仕事に没頭するのはいいことだが、しかし没頭し過ぎて自分を見失い、根本的なミスに気づかなかったり、期日を過ぎたりといった失敗もある。がんばりすぎて体調を壊すこともあるだろう。

それを避けるためには、「もうひとりの自分」を存在させるといい。心理学でいう「メタ認知」、つまり今の自分を少し高いところから客観的に見ているもうひとりの自分の目を意識することだ。

まわりが見えないほど仕事に夢中になっている自分に対して、もうひとりの自分が「そんなに急ぐと、また大事な資料を見落とすぞ」「丁寧なのはいいが、期限を忘れてないか？」などの忠告をしてくれる。つまり、自分へのチェック機能ができるわけだ。

メタ認知をするためには、いくつか具体的な方法がある。ひとつは日記をつけることだ。

日々の自分の行動を1日の終わりに冷静にかつ客観的に記録すると、やがて自分がどんな人間なのか、どんなときにどんなミスをするかなどが見えてくる。書いたものを何度も読み返すことにより、メタ認知ができるようになるのだ。

もうひとつは、自分や自分の仕事に対して上司や同僚など周囲の意見を聞くということだ。冷静な第三者の目は、そのままもうひとりの自分の目になる。まわりの人が自分をどう見ているのかを長所はもちろん、短所についても率直に話してもらうのだ。それが自分を知ることにおおいに役立つのである。

今だからこそ見直したい老舗メーカーの現場主義

世界的自動車メーカーであるホンダの創業者・本田宗一郎は、社長室を飛び出して工場に行き、現場の工員たちとも気さくに話すことで有名だったが、その本田の指針は現場に行くこと、現物（現状）を見ること、現実的であることとの「三現主義」だった。

この考え方は、いまでもさまざまな職種や企業で提唱されている。特にＩＴ化が進み、ネット社会といわれる現代だからこそ、この考え方はより重要度を増しているといっていいだろう。

たとえば、ある食品メーカーでデータに基づいて品質管理を行っていた。コンピュータの画面上では品質上の問題は何もなかったが、製造の現場に行ってみると、出荷前の工場でデータの改ざんが行われていたことがわかり大問題となった。

これは現場に足を運ばなければ発覚しなかったことだ。このメーカーが、消費者の信用を取り戻すのに膨大な費用と時間を費やすことになったのはいうまでもない。

ここまで大きな事件でなくても、ちょっとした連絡をメールですませたばかりに大きなミスや誤解が生じることもある。

発注量の変更をメールで伝えても、たまたまそれを見るのが遅れたというだけで大きな損失につながったりするのだ。

足を動かし、目で見て、耳で聞き、本当の現実を目の当たりにして仕事をすることの重要性をいま一度、見直してみては。

チューニングしてこそ「フレームワーク」は生きてくる！

「フレームワーク」は本来、枠組みのことをさすが、換言すれば数学の公式や料理のレシピのようなものだ。

「ＳＷＯＴ分析」「ブルー・オーシャン戦略」「ＢＳＣ（バランススコアカード）」「コア・コンピタンス分析」など、もともとはデジタル用語（サービスを提供するソフトウェアをさす）だったものが、ビジネス用語として幅広い意味で使われるようになった。

いまでは、有効なビジネス戦略を構築するためには、フレームワークをいかに活用するかがカギだといわれる。

しかし、ひとつのフレームワークをそのまま実践しようとしても、ビジネスには役に立たない。

それは、あくまでも「戦略」であり、レシピと食材を目の前に並べただけでは料理ができないように、フレームワークに自分の仕事の要素を当てはめただけでは何の成果も出せないのだ。

自分の手を動かして料理をするように、実際に行動を起こすことでビジネスが展開され、利益が生まれてくるのである。

そこで、こういう考え方もできる。

「フレームワークとは、ひとつのモデルケースである」

こういうやり方でビジネスを展開するという考え方もあるのだととらえて、そこに自分なりのオリジナリティを加えていくのである。

つまり、チューニングしてこそ生きてくるのがフレームワークなのだ。

ビジネス戦略に欠かせない「3C」分析という考え方

フレームワークの中で、特に重要なもののひとつに「3C分析」がある。「3C」とは、「顧客（Customer）」「競合（Competior）」「自社（Company）」をさす。この3つの要素から仕事を分析するという考え方である。

まず考えるべきは、顧客である。年齢層、社会的階層、男女の性別、利用目的、利用頻度など、さまざまな要因に基づいて顧客を分析し、どのような人に対してサービスを提供するのかを見極める。

それが明確でなければ、ビジネスは成功しないだろう。

次に、競合を考える。同じサービスを提供している他社について、つぶさに調べるのだ。顧客の動向、サービスの内容、自社と似ている点や相違点などを分析して、競合している他社の実態を正確に把握するのだ。

最後は、自社だ。経営資源や体制の確認、市場シェア、これまでの販売実績や売上高、さらに人的資質、社会的なイメージ、広告戦略への反応など、自社についてあらゆる面を見直すのである。

この3つの要素を把握し、的確に分析してこそビジネス戦略を展開するうえでの基盤ができたといえる。

特に他社と比較検討することにより、現時点での自社の弱点や欠点、改善すべき問題点が見えてきたらしめたものである。大きく飛躍するチャンスだととらえたい。

ビジネス戦略を勝利に導く「4P」の使い方のコツ

モノの種類が膨大で、しかも低価格の商品が増えている現代だからこそ、マーケティングの重要性がますます高まっている。

精度の高いマーケティングのために重要なのが「4P」の要素だ。つまり「製品（Product）」「価格（Price）」「流通（Place）」、そして「販売促進（Promotion）」の4つである。

まず、電化製品や通信機器、食品、衣料にいたるまで、基本は「製品」である。機能性やデザイン、付加価値まで、消費者はあらゆる点で満足できるものや優秀なものを求めている。

次に「価格」だ。いくら優れたものでも値段が高ければ消費者は手を出さない。似たような商品が安価で売られていることがあればどうしてもそちらに流れるだろう。価格に見合うだけの価値を見出せるかどうかが大きなカギになるのだ。

そして「流通」も不可欠だ。いまはネットを利用すれば、ほとんどのものが短時間で手に入る。消費者が「欲しい」と思ったその瞬間を逃さない流通方法を確立しなければ競争には勝てない。

最後は「販売促進」だ。いまや広告がビジネスを大きく左右している。広告の成功がビジネスの成功だと言い換えてもいいくらいだ。購買力につながるイメージ戦略こそが重要なのだ。

ビジネスの成功は、マーケティングにおける「4P」をいかにして活かせるか、最大限の効果を発揮できるかにかかっている。世の中の動きをつかみ、ぜひ4つの力を発揮させてほしい。

目標達成のために「過程を整理する」理由

目標を立てるのは簡単だが、持ち続けるのは難しいものだ。今年こそ経済の勉強をしようとか、ビジネス英語のスキルを磨こうという目標を立てたものの、1週間、1か月、3か月と過ぎるうちにいつしかそんな誓いを立てたことすら忘れてしまうことも多い。

なぜ継続できないのかというと、その原因のひとつが目標達成のための過程が整理されていないということにある。漠然とした目標を掲げるだけでは、どうやってそこに到達すればいいのかがはっきりしないのだ。

たとえば経済の勉強とひと口に言っても、講演会に行く、新聞を読む、本を読む、セミナーに参加するなど、挙げればきりがないほど方法がある。

目標を立てたら、いつまで、何をして、どんな成果を得たいのかということをしっかりと整理しておかなければ、あれこれ手を出しただけで結局中途半端になってしまい、手応えがないことでやる気を失ってしまうのだ。

帰宅したら、経済面を読んで気になった記事をスクラップするとか、通勤電車の中では必ず経済ニュースをスマホでチェックするというように、いつ、何をするかという目標達成への過程を具体的に整理してみるのである。

具体的な行動計画があれば、それをやり遂げていくことで達成感が生まれてくる。継続へのモチベーションも上がるのだ。

受け売りを繰り返せば意見は精査されていく

他人の受け売りという言葉がある。見たり聞いたりしたことを、さも自分の意見のように語ることだが、じつに理にかなった行動とも言える。

見たまま聞いたままを伝えようとしても、どうしてもそこには主観や類推が入るものだ。それこそが重要なポイントで、主観を交えて話すうちに、その情報の中身が精査されて自分なりの意見としてブラッシュアップされていく。

また、その情報を伝えたことで相手から何らかのリアクションもあるだろう。単なる感想ばかりではなく、思いもよらない視点や気づかなかった切り口を知ることができるかもしれない。

それを受けて、さらに自分の意見をぶつけていけば、人に話すほど視野が広がり、その情報への理解が深まっていくのである。

これを意図的に行うことで、単なる受け売りだった情報は整理されて、今度は自分の意見として蓄積することができる。

ためしに、ニュースのコメンテーターの話で気になることがあったら、その内容を同僚や友人、家族と語り合ってみてほしい。同じ情報でもとらえ方は十人十色だということに気づくはずだ。

頭の中に記憶しているだけでは他人の受け売りにすぎないものも、アウトプットを繰り返すことで、その価値は何倍にも跳ね上がるのだということを覚えておきたい。

読書家はインプットもアウトプットも文字情報で

インターネットなどを通じて膨大な量の情報が日々生み出され、消費されていく。しかし、情報はただ得ただけでは生の素材をそのまま据え置いているだけに過ぎない。それをどう整理して利用するかが大切なのだ。

毎朝、必ず新聞に目を通し、書店に行けば文庫本を数冊購入するといったような習慣がある人におすすめなのが、文字情報による情報整理の方法だ。

情報ソースとして利用したいのは、やはり新聞、雑誌、書籍などの文字媒体だろう。インターネット経由でも目を通すことはできるが、あえて紙媒体にこだわってもいい。

情報を得たら、それを整理するのも文字でするのだ。パソコンを使ってもいいし、ノートなどに手書きしてもいいのだが、重要なのは、頭の中に入った情報を文字にすることだ。

いったん文字情報として取り入れたものをもう一度具体的な言葉にしていくことで情報の精度が上がり、それまでバラバラに存在していた情報のピースが秩序立てて組み合わされていくのだ。

長年の読書習慣で慣れ親しんだ文字情報であれば、記憶したり整理したりという作業もスムーズに行うことができる。

また、読書体験が豊富な人ほど頭の中にある語彙の引き出しは多いので、アウトプットする際もそれを最大限に生かすのが賢いやり方なのである。

イメージとして記憶するのが右脳派の得意ワザ

右脳派、左脳派という言葉が流行ってから久しいが、一般的にいって芸術的な分野を得意とするのが右脳派とされている。

右脳は、イメージ力や想像力、記憶力などをつかさどる脳の部位だ。右脳の働きが活発な人は、視覚、聴覚、嗅覚、触覚、味覚の五感に優れ、情報をイメージとして処理する能力にたけている。

右脳派の特徴としては、絵を描いたり造形作品を作ったりすることが得意なこととしてあげられるが、その場合、情報を得るときは画像や映像として取り入れるのが効率的なやり方だ。

具体的にいえば、文字情報として記録するよりも写真や動画で記録すると記憶しやすい。

文字で残す場合も、たとえば付せんに書いたものを組み合わせて貼ったりグラフや図表を使うなどして、イメージとして記憶できるような工夫をしてみるとスムーズに頭に入るはずである。

たとえばパソコンを使うとしたら、ワードやエクセルを使ってまとめるよりも、パワーポイントや動画ソフトを利用したほうがイメージ通りのものが仕上がるはずだ。

そうして、それらのデータをまとめて残しておけば、会議やプレゼンなどの際にも有効に活用することができる。

得意なことがあればそれを活かすのが得策だし、持ち前の芸術的なセンスはビジネスにも大きな強みになるのである。

時間がないときこそ時計を見てはいけない

締め切りが目前に迫っているのに、作業の終わりが見えない――。そうなると焦りばかりが募ってきて、かえって集中できなくなってしまうものだ。

すでに時間がないという認識がある以上、残り時間を必要以上に気にしても始まらない。やるしかないとなれば、これまで以上の集中力で作業をすすめるのが最善の策なのだ。

そんなときは、時計を目の前から思い切って排除してしまおう。

時間を確認したところで残り時間が増えるわけではない。スマホなどは手の届かないところに置いて、つい時間を確認してしまうということを防ぐことで嫌でも集中できる環境を整えるのだ。

ただでさえ時間がないのに残り時間をちょこちょことチェックする行為は、百害あって一利なしだ。時間を忘れて作業に没頭できるくらいでちょうどいいのである。

自分に合ったやり方が見つかる「お試し時短術」とは

まだ仕事の経験が浅く、どんなやり方が自分に合っているのかがわからないときは、いろいろな方法を試してみるといい。

たとえば、ひとつの仕事をこなすのにどうしても時間がかかってしまうのであれば、雑誌やネットなどで紹介されているさまざまな〝時短術〟を試してみるのだ。

どれから試すかは自由だが、試すのは1日にひとつずつと決めてスケジュールを立ててみる。

たとえば、「月曜日は○○法」、「火曜日は△△術」というように決め、カレンダーや手帳に書き込む。試してみて自分に合っていると感じたものは「○」、合わないものは「×」、どちらでもないものは「△」を記入していくのだ。

こうして自分の行動を記録しておくと、やり方に迷ったときには振り返ることもできるのである。

仕事は中途半端なところでやめたほうがいいワケ

仕事はキリのいいところまできっちりとやりたいという人は少なくないだろう。中途半端なところで離れてしまうと、やり残したことが気になってしまうからだ。

しかし、その「気になってしまう」という感覚は、けっして悪いことではない。

なぜなら、人は完全に終わったことよりも、中途半端に終わったことのほうがよく覚えているからだ。

これを心理学では「ツァイガルニク効果」というのだが、たしかに連続ドラマなどでも話が収まりよく終わるよりも、少しだけ次の展開を見せられたほうが続きが気になる。そのため、記憶に残りやすくなるのだ。

仕事も同様で、中途半端なところでやめると、その内容が記憶の中に留まりやすくなる。ランチなどでいったん仕事を離れ、再スタートする際にも、すぐに仕事モードに戻ることができるというメリットがあるのだ。

また、企画に関する仕事をしているときなどは、頭の中で常に考えるようにしていると、偶然目にしたものと結びついて突然ひらめくこともある。

きちんとキリのいいところでやめてしまうと、このような効果も期待できなくなってしまうのかもしれないのだ。

無知をさらけ出すだけで仕事の質がグンと上がる！

インターネットで検索すれば、たいていの知識が得られるこの時代、人前で「知らない」「わからない」というのを恥ずかしいと思っている人も多いのではないだろうか。

とはいえ、ちょっと検索をしただけで知っているつもりになっているとあとあと損をすることになる。

最初に知ったかぶりなことを言ってしまうと、相手はそれを前提に話を進めていくからだ。

そのため、話が煮詰まっていくほど理解できなくなり、そのときにはすでに「知らない」といえる雰囲気ではなくなってしまう。

その結果、そこに含まれている貴重な情報をスルーしてしまったことすら気がつかないことになってしまうからだ。

しかも、本質がわからないまま仕事をすることになれば、仕事の質も下がってしまう。

それよりも、少しかじったくらいの知識であれば素直に「知らない」「わからない」と言って、逆に丁寧な説明を求めたほうがいい。

特に相手がその道のエキスパートであれば、下手に知ったような口をきいて話を合わせるよりも、教えてもらうという低姿勢でのぞんだほうが得することは多い。

知らないというと自分の価値が下がると考える人もいるかもしれないが、勇気をもって無知をさらけ出せば結果的にいい仕事につながるのだ。

三日坊主を乗り越えて自分に付加価値をつける法

ほかの人が持っていない能力や知識、経験を身につけ、自分だけのプラスアルファを得ることはステップアップのために不可欠だ。内容は何でもいい。資格を取得するのもいいし、英会話の勉強をしたり、著名人の講演会のテープを聴く、毎日必ず経済新聞を隅々まで読むというのもいいだろう。続けることで自分の糧にすれば、大きな自信につながるはずだ。

ただし、継続することは難しい。三日坊主で終わる人も少なくない。では、毎日続けるにはどうすればいいだろうか。

まずは、「とりあえず3日間」を目標にする。それが達成できたら「次は3週間」、そして「さらに3か月」というように目標の期間を徐々に伸ばしていくのだ。

また、毎日必ず1時間と決めてもなかなか続かないが、最初は10分間ずつと決めれば何とかなる。それが続くと、そのうち10分では飽き足らなくなるので30分、1時間…というように時間を伸ばしていくのだ。

ほかの習慣とセットにするというやり方もある。たとえば歯磨きはだれでも毎日するだろう。そこで「歯磨きのあとに必ず30分やる」と決めるのだ。これだといやでも習慣化するはずだ。

そして、始める時期も選んだほうがいい。新しいスタートを切るのにふさわしい4月、あるいは自分の誕生日、何かの記念日など、新鮮な気持ちで始められる日を選ぶのも大切なことである。

「継続は力なり」を実現する15か月間の法則とは

プロアマ問わず、スポーツで成功した人が必ず口にするのが「継続は力なり」という言葉だ。続けることで本当の実力が身につくという意味だが、同時に挫折することなく継続すること自体もまた、ひとつの才能であるという意味もある。

ビジネスも同じだ。どんなプロジェクトであれ、継続の先には成功が待っている。では、継続とはどれくらいの期間なのか。

じつは人間というのは、15か月間同じことを続ければ必ず変化するといわれている。つまり、継続の目安は15か月間なのだ。

多くのスポーツ選手はこれを元にして訓練を組み立てる。逆にいえば、15か月の間であれば、失敗をしても気にする必要はないということだ。まだ成功への途中段階なのだから、失敗も想定内であり、その失敗もまたひとつの成長へのカギとなる。

また、次の段階へステップアップするために困難な挑戦をするなら、15か月の間に計画に組み込むといい。

その間は自分が発展するプロセスである。だから新しいことへの挑戦にふさわしい時期なのだ。もちろん失敗しても十分にやり直すための時間もある。

15か月後に何らかの結果が出たら、さらにまた次の15か月について考える。これを繰り返し、積み上げていくのだ。

15か月と期間を区切ることでモチベーションも維持できるし、その成果が楽しみになれば常に前向きでいられる。

2年で見直し、5年で疑い、10年で破棄する!

初志貫徹という言葉があるが、日本人は最初に立てた目標にこだわり続けることを美徳とする傾向がある。しかし、それにとらわれ過ぎるとかえってマイナスになることもある。

いまの時代に理想的なのは、「2年で見直し」「5年で疑い」「10年で破棄する」という流れである。

特に、最近は技術革新の流れが速い。たとえばテレビひとつとってもアナログ放送からデジタル放送、ワンセグ放送と急速なスピードで展開し、今や４Ｋ、８Ｋの時代へと変化しつつある。

どんな職種でも企業でも、短期間で軌道修正をしなければ時代に追いつき、追い越すことはできないのである。

同時に、人間もまた日々変化する。新たな能力が身についたり、意外な才能を発見したりするものだ。それを加味しながら途中で計画を修正し、そのとき、最も理想的な目標と計画を掲げながら究極の目標に少しずつ、しかし確実に近づくことが重要なのだ。

初志貫徹どころか、いかに変更を加えていくかがもっとも重要であり、場合によっては全部捨てて、新しい目標と計画を建て直すという大幅な発想の転換も必要になる。

そこで、２年ごとに再検討し、５年たっても実現していなければ疑ってみて、10年間一度も計画が刷新されなければ破棄するくらいの考え方が最も現実的なのだ。いまや、目標や計画はかたくなに守り続けるものという常識は捨てるべき時代なのだ。

Chapter 6

思考のムダとりで「記憶力」と「集中力」をパワーアップ！

4つの「スキル」を手にすると創造的人間になれる！

インターネットを駆使すればどんな情報でも手に入る時代である。しかし、情報だけでは何も生まれない。

それはひとつのパーツだったり、部品のようなものでしかないからだ。数学でいえば、単に公式を覚えたに過ぎないのだ。

重要なのは、それらを組み合わせ、新しい意味や価値を見出すためのスキルである。公式を利用して、高度な計算を解くことにこそ本当の意味がある。そのスキルを手にすることが重要なのだ。

では、スキルを身につけるにはどうすればいいか。多くの人と話してコミュニケーションを図ったり、自分で考えたことや思いついたことを言葉や絵で表現する、アイデアを企画としてまとめるなど、そういったスキルがあってはじめて情報は活かされるのだ。

つまり、「話す」「書く」「表現する」「まとめる」といったスキルを手にすることで、人はより創造的になれるのである。

顔はTゾーンで覚えると正確に識別ができる

会社にはさまざまな部署があるが、営業職というと初対面の人と名刺交換をするのが仕事だともいえる。

ところが、人の顔を覚えるのは意外とむずかしい。顔は覚えていても名前が出てこないのだ。

なかでも同じような髪形や、似たような眼鏡をかけている人を見ると頭の中で混同してしまい、まったくトンチンカンな話をしてしまい冷や汗をかいたという経験のある人もいるはずだ。

しかも会ったこと自体を忘れて、本当は2度目の相手なのに名刺を差し出すというような失敗もある。

じつは、顔を覚えるための秘策がある。相手の顔のTゾーンを見て話すといいのだ。

Tゾーンとは、目から鼻、口を結ぶ「T型」の部分をさす。人間は、このTゾーンを記憶することにより他人の顔を識別しているのだ。だから、初対面のときにそこをじっくり眺めて記憶に留めておくと、2度目に会ったときも間違えないのである。

特に女性は髪形や化粧の仕方を変えると別人のようになることがあるので、ときどき「確か、あの人だよな」と思いつつも不安になることがある。

しかし、いくら髪形や化粧が変わってもTゾーンの印象は変わらない。だから、その部分をしっかりと頭に焼きつけておけば間違えることはないのだ。

脈絡のないキーワードも結合させると記憶に残せる

会議室などで使う一般的な打ち合わせなら、目の前にノートを広げて大事なことをメモすることができる。

ところが、たとえば打ち合わせが終わった相手と一緒に駅まで歩きながら話しているときに相手が重要な情報を口にしたとしよう。

できることならメモをとりたい、しかし歩きながらでは無理だ、ここは何が何でも記憶するしかない。とはいえ、いろいろな情報がありすぎて果たして記憶できるかどうか不安になるときがある。

そんなときは、ぜひ「連想結合」という記憶法を活用してほしい。

たとえば、「飛行機」「高齢者」「オリンピック」という何の関連もない言葉を覚えるとする。

そのままでは覚えにくいが、「その飛行機にはオリンピックを見るための高齢者がたくさん乗っていた」という文章にして覚えれば、3つのキーワードが記憶に残るはずだ。

こういう覚え方を「連想結合」という。「コンサート」「携帯電話」「天気予報」「ランチタイム」というキーワードであれば、「ランチタイムの喫茶店でテレビの天気予報を見ていたら、となりの席の人が携帯電話で友達とコンサートに行く約束をしていた」というストーリーをつくって覚えるというやり方だ。

もちろん、相手と別れてひとりになったら、すぐにメモをすることも忘れないようにしたい。

忘れたくないことは「方法記憶」に変えればいい

映画などで記憶喪失の人が出てくるとき、自分の名前や素性は完全に忘れているのに、自転車の乗り方や文字の書き方、電話のかけ方など生きるうえで基本的なことは忘れていない場合が多い。

じつは、記憶にはいくつかの種類がある。基本的な行動はひとつの「方法」として、その「型」を体で覚えているのでめったに忘れることはない。こういう記憶を「方法記憶」という。自転車の乗り方や文字の書き方は、まさに方法記憶なのである。

その一方で、一時的には覚えてもやがて忘れてしまうものもある。学校で学んだ方程式や古文や英語の文法など、試験前には確実に覚えたのに卒業したらきれいに忘れているという人が多い。

しかし、絶対に忘れたくないと思えば、体で覚えて方法記憶として覚えておくことができるのだ。

そのためには、覚えようと意識しながら何度も同じことを繰り返せばいい。まさに、体にその方法をしみこませるのだ。

たとえば、ゴミ箱を３つ用意して、それぞれを「燃えるもの」「燃えないもの」「危険物」と決めたとしよう。

最初のうちは、ゴミを捨てるたびに「どれかな」と考える必要がある。ところが何度も繰り返すうちに、意識して考えなくても体が勝手に正しいゴミ箱を選んでそれに捨てるようになる。

最初は頭で考えていたことを考えなくても行動できるように体に覚え込ませれば、まさに知識が身についたことになるのだ。

知識を経験に変えれば記憶に長く留めておける

人間の記憶には、前述の「方法記憶」のほかに「知識記憶」と「経験記憶」というものがある。

知識記憶とは、まさに知識として入ってきたことだ。教科書に書かれてあった歴史上の出来事や、親から聞いた親戚の話、ニュースで見た事件についての情報を覚えることは知識記憶である。

また経験記憶とは、去年彼女にフラれた、子供のころに入院したというように、自分で実際に経験したことの記憶のことだ。

当然のことながら、頭で覚えた知識記憶よりも実際に自分で経験した経験記憶のほうが印象的だし、長く覚えているものである。

そこで、単なる知識記憶を経験記憶に変えれば、知識記憶も長く覚えておけることになる。

具体的にどうすればいいのかというと、たとえば「知識」として学んだことを話し合う。もしそれが白熱した議論になれば、ひとつの印象深い「経験」として記憶に残るはずだ。

あるいは、歴史の本で読んだ過去の出来事について、実際にそれが起こった場所まで行き、その場面を具体的に想像してみる。

すると、まるで自分自身が経験したような気になり、ひとつの疑似体験となって情報記憶が経験記憶へと変換されるのだ。

「このことは忘れたくない、長く記憶に留めておきたい」と思ったら知識記憶として覚えようとせず、自分で経験記憶になるように工夫すればいいのである。

小さな仕事も絶対に忘れないスケジュール帳の㊙利用法

仕事には、時間や手間がかかりそうな大きな仕事や、期限があまりなくてササッと終わらせたい仕事もあれば、短時間でできそうな簡単な仕事もある。

人はどうしても大きな仕事や期限ギリギリの仕事に注目しがちで、短時間ですみそうな小さな仕事のことはあまり意識しない。ときには、小さな仕事をうっかり忘れてしまうこともある。

それを避けるためには、スケジュール帳を活用するといい。ともかく、大小いろいろな仕事を全部書き込んでみるのだ。

とはいえ、どうしても目立つ仕事にばかり目がいってしまい、小さな仕事は見落としたり、意識の中に入ってこないこともある。

そこで、あえて見落としそうな仕事や、うっかり忘れてしまいそうな仕事にフォーカスを合わせ、それだけを確実に頭に刻み込んでみるのだ。ちなみに、このときにかなり強く意識して覚える努力をするのがコツだ。

そうしたうえで、一度目を閉じる。目を閉じたままでいま見たものを思い返し、「あれと、あれと、あの仕事があったな」と頭の中で反芻するのである。

そうして、それらをきちんと印象に残したら再び目を開く。

すると、さっきと同じスケジュール帳なのに印象がガラリと変わるのがわかるはずだ。大きい仕事と小さい仕事の差がなくなり、すべてが同じように均一化して見えるのである。

記憶力維持のために実行したい脳の簡単トレーニングとは?

高齢になって起こる変化の中で、最もわかりやすいのは「覚えられなくなる」「すぐ忘れる」などの記憶力の低下だ。

人間の脳は年をとるにつれて衰えていくものだが、物忘れが多くなると不安も大きくなる。逆に記憶力がいい人は、それだけで仕事にプラスになるし、自信もつく。

ぜひ脳を鍛えて記憶力を維持したいものだが、そのためのトレーニングを怠らないようにしたい。

よく高齢者などが電車の中でクロスワードパズルをやっている姿を目にするが、パズルを解くことは脳の訓練には効果的だ。筋肉や体の部位と同じで、脳もやはり使わなければ衰えるのである。だから、パズルを解いて活性化すれば〝脳力〟の維持に役立つのだ。

しかし、パズルなどを用いなくても脳のトレーニングはできる。そのひとつが、利き手ではないほうの手を使うことだ。

もしも右利きの人が左手で作業をすれば、いままで右手の動きを司っていた左脳から右脳へと回路をつくりかえることになる。それが脳の訓練になり、活性化へとつながるのである。

何もむずかしい作業でなくてもいい。スマホやリモコンの操作、風呂上りに体を拭く、お茶を淹れるなど簡単な動作をあえて利き手ではないほうの手を使うだけで脳が活発に働くのだ。

こういった脳のトレーニングを続けることで、常に脳の若さが保たれ、記憶力も維持できるようになるのだ。

唇をしっかり閉じれば集中力がアップする！

その人が本当に集中しているかどうかは、表情を見るとよくわかる。集中している人間の顔には、ある共通点があるのだ。

じつは、唇がきちんと閉じているのである。人間は口元に力が入っていないと集中しないものなのだ。

このことは、体の構造が証明している。

口の周囲には、口を閉じるための口輪筋がある。口を閉じるには、この筋肉を引き締めなければならない。そうすると人体の構造上、前頭葉の血流がよくなり、その結果、集中力が増すのである。

つまり、口をしっかり閉じれば必然的に集中力が増し、逆に口がポカンと開いている人は上の空だということになる。たしかに、はたから見てもほかのことを考えているように見える。

「ここは集中力の勝負だ！」というときには、まずは唇をしっかり閉じて口輪筋を働かせよう。そうすれば集中力がアップするのだ。

途切れた集中力を取り戻す「自立訓練集中法」の中身とは

長時間にわたる会議や打ち合わせなどで、途中で集中力が途切れてしまい頭に何も入らなくなるときがある。

そんなとき、集中力を取り戻すために短い休憩時間を利用する「自立訓練集中法」というのがある。ドイツの精神科医が考えたものだが、効果てきめんなのでぜひためして欲しい。

まず、椅子に腰かけて気持ちを楽にする。そして、次のようなイメージを順番に思い描いてほしい。

①目を閉じて、気持ちをゆったりさせて落ち着く
②自分の手足に鉛のようなおもりがぶら下がっているのを想像する
③手足をカイロで温めているのを想像する
④鼓動が穏やかに打っているのを想像する
⑤楽に呼吸する
⑥腹をカイロで温めているのを想像する
⑦額に涼しい風が当たっているのを想像する
⑧5つ数えて目をあける

これらを、およそ5分間かけて行う。

一種の自己催眠なので、焦らず、集中して行うことが重要だ。「重たい感じ」や「暖かい感じ」を繰り返して想像するうちに、しだいに体の緊張が抜けて緩んでいき、すこし眠ってから目を覚ましたような状態になってスッキリする。

これで確実に集中力を取り戻すことができるはずだ。

聞くだけで覚えたいなら箇条書きで繰り返す

聞くだけで覚えるといわれたらどんなに楽だろうと思ってしまうが、何度も繰り返して聞けばいやでも覚えてしまうということは誰にでもある。

重要なのは繰り返すということだ。聴覚による情報処理にたけている人なら1回聞けば理解できてしまうかもしれないが、そうでなくても回数を重ねれば自然と頭に入ってくるのだ。

聞くだけなら通勤電車や移動中でも気軽に続けることができる。

ICレコーダーなどに録音して持ち歩いてもいいだろう。

ただし、あまりにだらだらと長いと集中力が保てなくなるので、ひとつの単元についてはできるだけ短時間でまとめたほうがいい。

ちなみに、文章でまとめるよりも、キーワードを箇条書き程度に並べていくほうが頭に入りやすい。

右脳と左脳のバランスで記憶を補強する！

文字情報をつかさどる左脳とは違い、右脳によって処理される情報は言語化することが難しいという側面を持っている。しかし、その一方でインパクトのある記憶として印象に残りやすい。

じつは、この左脳と右脳の情報処理の特徴を利用すれば、より効率よく記憶することができるようになる。日本人の多くは左脳が優位といわれているので、意識的に右脳を使うようにすればバランスがとれるのだ。

やり方は簡単で、初めて会う人なら名前や会社名、役職などではなく顔や服装、声やしぐさなどに意識を集中させて、後から振り返ってみて詳細なイメージを思い出すということを繰り返す。

思い出すときに、名刺の裏などにその人の特徴やイメージを一緒にしてメモ書き程度に記しておけば、よりしっかりと記憶に残すことができるだろう。

名前だけで思い出そうとするより、顔の特徴や持っていたものなどを一緒に記憶していればそれをきっかけにスムーズに思い出すことができる。モノが相手でも基本的なやり方は同じで、色や形、匂いなどの特徴を意識的にインプットするだけでいい。

人やモノをイメージでとらえるクセをつければおのずと右脳の働きも活発になる。その結果、左脳と右脳のメリットを活かしつつ、記憶を補強できるのである。

記憶の定着力は「分散学習」でアップできる！

日々の仕事をこなしながら、資格試験や昇進試験の対策もしなくてはならないのに、忙しくてなかなかまとまった時間がとれない。効率よく勉強できないという悩みを抱える人もいるだろう。

しかし、じつは勉強は何時間もまとめてするよりも、時間を分散したほうが記憶に定着しやすいことがわかっている。

たとえば、同じ問題を3回繰り返して解こうと思っているのなら、午前中に1回、午後に1回、そして翌朝に1回というように時間を分散して行うのだ。

人間の記憶は、一度覚えても時間の経過とともに薄れていく。その忘れかけた頃に再度インプットするということを繰り返せば、しっかりと記憶に残すことができるのだ。

だから、まとまった時間がとれなくても、スキマ時間を見つけて1回につき数十分、勉強の時間をとるだけでいい。

忙しくても、少しの努力と工夫で結果を出すことができるのだ。

新しい用語は「エピソード記憶」でインプットする

社会人になったばかりのとき、今まで聞いたことのない業界用語に接してとまどった経験はないだろうか。

製造、マスコミ、教育、小売りなど、どんな業界にもそこでしか通じない用語がある。

慣れてしまえば関係者の間ではツーカーで通じるので便利だが、わからないと話の内容がまったく理解できずに困ってしまう。

ところが、そんな状況は社会人1年生だけに降りかかってくるものではなくなった。

ＩＴやウェブを活用しようとすると、知らないカタカナ用語が異様に多かったり、異業種に転職すればまた新たに覚えなければならない知識も次から次へと出てくる。

そこで、新しい用語はエピソードと一緒に覚えることをオススメする。つまり、自分が経験した場面と一緒に覚えるのだ。

たとえば、上司から「イニシャルコストを抑えたい」と言われ、「イニシャルコスト（初期費用）」の言葉と意味を覚えておきたいと思ったとしよう。

そうしたら、その言葉を聞いた場所や状況、どんな案件で出てきたかなどもまとめて覚えておくのだ。

学生時代のように丸暗記するのはもうできないとしても、自分自身が体験したこと（エピソード）と一緒ならインプットできるようになるのだ。

ややこしい言葉はメロディーで覚える

こだわりの商品を売る専門店や、最新機器を取りそろえた量販店などで店員に求められるのが専門的な商品知識だ。

「これってどういうことですか？」と客から説明を求められたらわからないではすまされないが、しかし、多くの用語とその意味を覚えるのは大変だ。

たとえば、パソコンのウイルス対策について説明するにも、ワームやトロイの木馬、スパイウェア、マルウェア、ランサムウェアなど似たような名前が並ぶが、感染経路や機能などはそれぞれ違っている。

そんなややこしい用語と意味を覚えるためには、好きな歌で替え歌をつくり、歌って記憶するという手がある。

何度も聞いた曲は、時間が経ってから聞いても自然と口から歌詞が出てくるように、じつはメロディーには記憶を定着させる働きがあることがわかっている。

だから、「♪マルウェアは悪意のあるコードの総称～　ランサムウェアは身代金要求型～」などというようにメロディーに覚えたい言葉を乗せてみる。

そして、歌詞ができあがったら元歌を忘れるくらいに歌って記憶に定着させるのだ。

曲はラップでもバラードでも何でもいい、思わず口ずさんでしまう曲を選ぶといいだろう。

耳栓音読ならば集中力は自然と高まる

電話で話している声や、パソコンのキーボードを激しく打つ音、どこか聞こえてくる派手なスマホの着信音…。

資料などを読み込みたいのに、周囲の音が気になってどうにも文章が頭に入ってこないことがある。

そんなときに便利なのが、ウレタン製の耳栓だ。これをキュッと耳に詰めれば、周囲の音が気にならない程度までシャットアウトできる。

さらに、集中して資料を読みたい場合には、耳栓をした状態で小声で音読するといい。耳栓をしていると自分のささやき声が頭の中で反響し、それをよりよく聞こうとするからだ。

すると、目で「読む」、耳で「聞く」という2つのことを同時に行うために集中力がさらに増すのだ。

資料の読み込みに時間をかけられないときなども、耳栓と音読でかなり乗り切ることができるだろう。

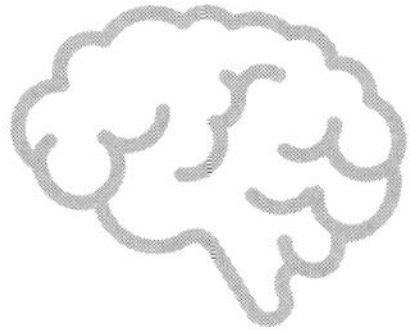

脳の仕組みが教える「反復記憶法」の有効性

「一度で覚えようとするな、何度も繰り返して覚えろ」

子供のころに学校の先生にそう言われたことはないだろうか。どんなことでも一度で覚えるのはむずかしいし、覚えたつもりでも脳に定着していないことがある。情報を記憶に定着させるためには反復行動が有効なのだ。

これは、人間の脳のしくみと関係がある。

頭に入ってきた情報はまず側頭葉に送られ、そこから海馬と呼ばれる部分に送られる。

海馬は記憶にとって重要な部分で、情報はここで整理され、新しい記憶として短期間だけ保存される。そして、特に重要なものや強い印象を受けた情報だけを選別して、長期保存のために大脳皮質にファイルされる。そこで初めて「覚えた」ことになるのだ。

では、海馬は何を基準にして「この情報は重要なもの」「印象的なものだ」という判断をするのだろうか。

それは、その情報が何度も繰り返し入ってきたかどうかである。間隔を空けて何度も入ってくれば、それは忘れてはならない重要な情報として判断され、記憶に残そうとするのである。

このしくみを知っていれば、反復することが記憶にとっていかに重要なのかがわかる。

何かを覚えようとするときに「一度に全部覚えてやる」と意気込んでも、海馬がそう判断しなければ徒労に終わるのだ。

五感をフル回転させて五感を鍛えるラジオの活用法

テレビのチャンネル数が増えたり、スマホからさまざまな情報が入ってくる現在では、ラジオの聴取者の数が減っているような気がするが、じつはあまり減少していないという。

ラジオを聴く人は常に一定数がいて人気は安定しており、特に高齢者やドライバー、受験生などの日常生活にラジオは不可欠だ。

そんなラジオには意外なメリットがある。人間の五感の活動を活発化させてくれるのだ。

ラジオには映像がない。だから、聴いてる人は耳から入ってくる情報をたよりに想像力をフル回転させる。たとえば野球中継を聴いているときは、試合の展開はもちろん、選手の表情や観客の様子まで無意識のうちに想像している。

あるいは、ニュースで交通事故の情報が流れれば、誰もが事故の様子を具体的に思い浮かべる。それが脳の働きを活発にするのだ。

もともとラジオには情報量が多い。ＤＪのおしゃべりはもちろん、音楽やリスナーの声の紹介、外からの中継など内容がどんどん変化するので聴取者はいろいろな刺激を受けるのだ。そのたびに「どんな場所だろう」とか「どんな人だろう」、「どんな匂いだろう」などと想像し、それが人間の五感を活発に働かせるのだ。

また、ラジオを聴きながら作業をすると、あとになってラジオの内容を思い返すことでそのときの作業内容も引き出されることがある。それもまたラジオの大きなメリットのひとつである。

わずか10分間の運動で記憶力や注意力が飛躍的に回復する

仕事にしても勉強にしても、机に向かって姿勢をよくして真面目に取り組むものであると信じて疑わない人が多い。途中で席を立って歩き回っているだけで、サボッていると思われることもある。

しかし、人間の集中力が持続するのは、最大でも約90分だといわれる。多くの大学で講義の長さが90分と決まっているのもそれが根拠だ。

それは仕事も同じで、どんな人でも90分以上たつと疲れが溜まり、能率が悪くなる。そして何より記憶力と集中力が落ちてくる。それは、記憶を司る脳の器官である海馬が疲労するからである。

そこで、仕事中の疲れを回復させるために軽い運動をしてほしい。仕事中に判断のスピードが遅くなり、注意力が散漫になってきたら、疲れている証拠だ。そこで、思いきって仕事を中断し、軽く歩き回ったり、手足を動かしたり、首を回すなどするのだ。

それだけでも驚くほどに頭がスッキリして、仕事の能率も回復するはずだ。

また、軽い運動は海馬にもプラスになる。じつは、海馬の神経細胞は、成長後も運動によって増えることが実験的に確認されているのだ。つまり、記憶力の保持にも効果があるのだ。

体を動かす時間の目安は、だいたい10分間だ。

その程度の運動で仕事の効率が上がり、生産性がアップする。ムダな10分間ではなく、とても有意義なひとときなのだ。

特集2

簡単に頭を整理する〝スッキリ環境〟の作り方

<環境編>

デスクまわりというのは、ゴチャゴチャになりがちなゾーンだ。机の上もそうだが、引き出しの中やパソコンのデータにしてもほったらかしにしておくと、たまるばかりで整理が追いつかなくなる。それを一気に解決するには、仕事ができる人が実践している「３つの力」（デスク力、ＰＣ力、ルーム力）が役に立つ！

STEP1

デスク力

必ず結果を出す人の「机の上」「机の中」

何度片づけても机の上が散らかってしまう人は、この際、ふだん実践している整理法を180度変えてみよう。引き出しや机まわり、ゴミ箱の使い方が一気に変わるはずだ。整理の達人が実践する「マイルール」の驚きの中身とは。

引き出しのひとつは常に「空」にすべき理由

●一時保管後は整理して再び〝空〟に戻す

机の引き出しにモノを入れるときにも自分なりにルールを決めておくと、机の上が散らかることなく必要なモノや書類をすぐに取り出せて便利だ。

たとえば、引き出しがいくつもある机だったとしたら、一番収納量が少ない浅い引き出しを常に空にしておいて書類の一時保存場所にしておこう。

もし、すぐに手をつけなくてもいい書類が手元に回ってきたとき、そのまま机の上に積み重ねてしまうと処理するのを忘れてしまったり、いつのまにか紛失してしまう恐れもある。そんなときこそ、空にしておいた引き出しの中にとりあえず保管しておくのだ。

そうすれば、時間がとれたときに集中して処理することができる。机の上に置いたままにしておくと、スペースが狭くなるだけでなく、ほかの仕事をしていてもそ

“とりあえず”の書類の置き場所は引き出しの中

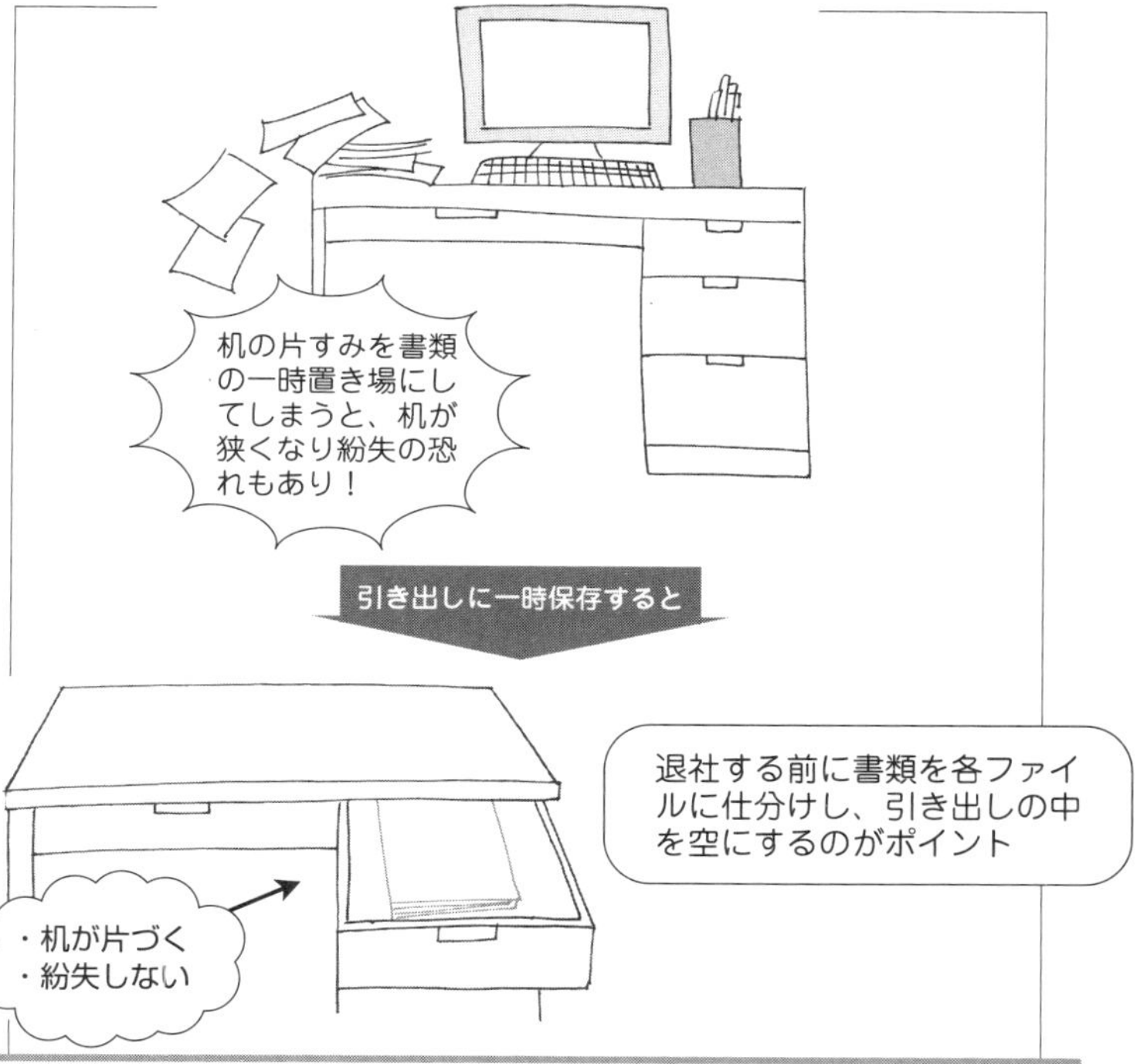
机の片すみを書類
の一時置き場にし
てしまうと、机が
狭くなり紛失の恐
れもあり！
引き出しに一時保存すると
退社する前に書類を各ファイルに仕分けし、引き出しの中を空にするのがポイント
・机が片づく
・紛失しない

引き出しの中がいつもグチャグチャ……

備え付けの仕切りでは整理できず、机の引き出しの中がいつもゴチャゴチャになってはいないだろうか。そんな人は、好みの長さに調節できるつっぱり棒を使ってさらに細分化してみよう。すると、あっという間に整理しやすい引き出しに変わる。区分けしたスペースごとにインデックスシールなどを貼ってモノの収納場所を決めておけば、さらに使いやすいだろう。

れらの書類が気になって集中力がそがれることにもなりかねない。

大切なことは、この引き出しは退社時に整理をして空にすることもルールにしておくことだ。そうすれば、不要な書類を毎日確実に処理でき、必要な書類はあるべき場所に片づけることができる。

「身の回りがなかなか片づかない」とか「片づけてもすぐに散らかってしまう」と嘆いている人は、まずは収納するためのスペースをつくることが先決だろう。

ひと口アドバイス

引き出しを空にしておくというワザは職場以外でも使える。たとえば自宅で、突然の来客にあわてることはないだろうか。そんなときにも、空の引き出しがあると、とりあえず片づけることができるのだ。

視線、手の動き…にムダがなくなるモノの配置

●利き手やクセを考えると机の上がスッキリ！

都市や住宅などの設計では、人が街や建物の中を移動する経路を表した動線を綿密に計算し、スムーズに動けるように建物や道路、台所や部屋などを配置しているというが、同じようにデスク上の動線を整えると行動がかなりスムーズになる。

たとえば、ネットで情報を検索しているときに、ちょっとしたひらめきがあったとしよう。そんなとき、マウスやキーボードから離れた位置にメモ帳があると、メモ帳とペンをとることに意識が向いたとたんにせっかく浮かんだアイデアが消えてしまったりする。

そんなムダがないように、縦長のメモ帳を用意してキーボードに合わせて横置きに置き、スムーズな動線をつくっておくといいだろう。

特に毎日のように行うルーチンワークを意識してモノの配置を考えれば、やる気

デスクの動線を整えるとムダなストレスを感じない

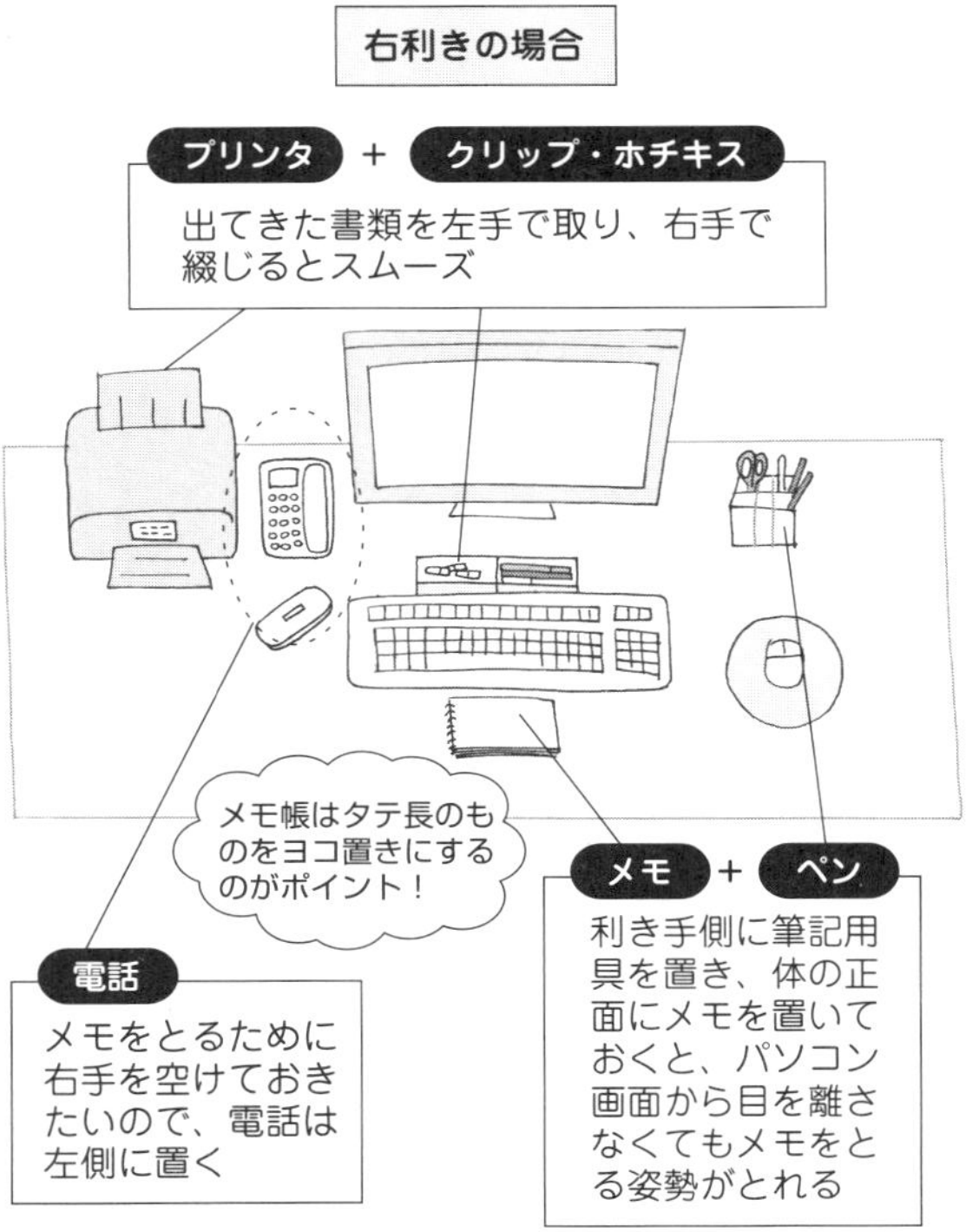

ときにはあえて不便さを演出する

右利きの人はペンを左側に置いたり、重い本をデスクの上に置くなど、ときにはあえて余計な動作が要求される状況をつくってみよう。パソコンなど便利な道具に囲まれて仕事をするなかで、あえて不便さを演出してみるのだ。そうすることで脳に刺激が与えられて、思考が活発になることもある。

がなかなかわかないときでも環境が整っているだけで行動しやすくなるのだ。

また、何気なく置いてしまっているペン立てや電話機、ティッシュボックスなども自分の利き手やクセなどを考えて使いやすい位置に置き直せば、机の上の動線をスッキリと整理することができる。

あちこち移動しがちな付せん紙などは、利き手側の机の端にあらかじめ貼っておくといいだろう。

ひと口アドバイス

利き足や利き目と同様に、耳にも聞こえやすい〝聞き耳〟がある。確かめ方は簡単で、いつも電話の受話器を当てているほうが聞き耳だ。電話機の置き方の参考になるかもしれない。

デスクのデッドスペースを最大限に活かす〝屋台式コンパクト収納〟

●机の下は収納の〝宝庫〟

最近ではあまり見かけなくなったが、麺や具材、丼、調理器具までがコンパクトに納められたラーメンの屋台には、デスクにも取り入れたい整理術のヒントがいっぱい詰まっている。

たとえば、屋台の壁にあるような〝吊るす収納〟は、机の下の内側にフックやマグネット式のクリップを取りつけて応用することができる。

引き出しの下にマグネットを使ってティッシュを逆さまに貼りつければ、最後の1枚までスムーズに取り出しやすいうえ、見えない収納にもなる。フックには自分のバッグを引っかけておくのにぴったりだし、ビニールの袋やエコバッグをそこに吊るせば小物を収納するスペースにもなる。

また、机の下のスペースにパソコンの本体を収納している人も多いが、それもキ

机の上だけでなく使えるスペースはすべて活用

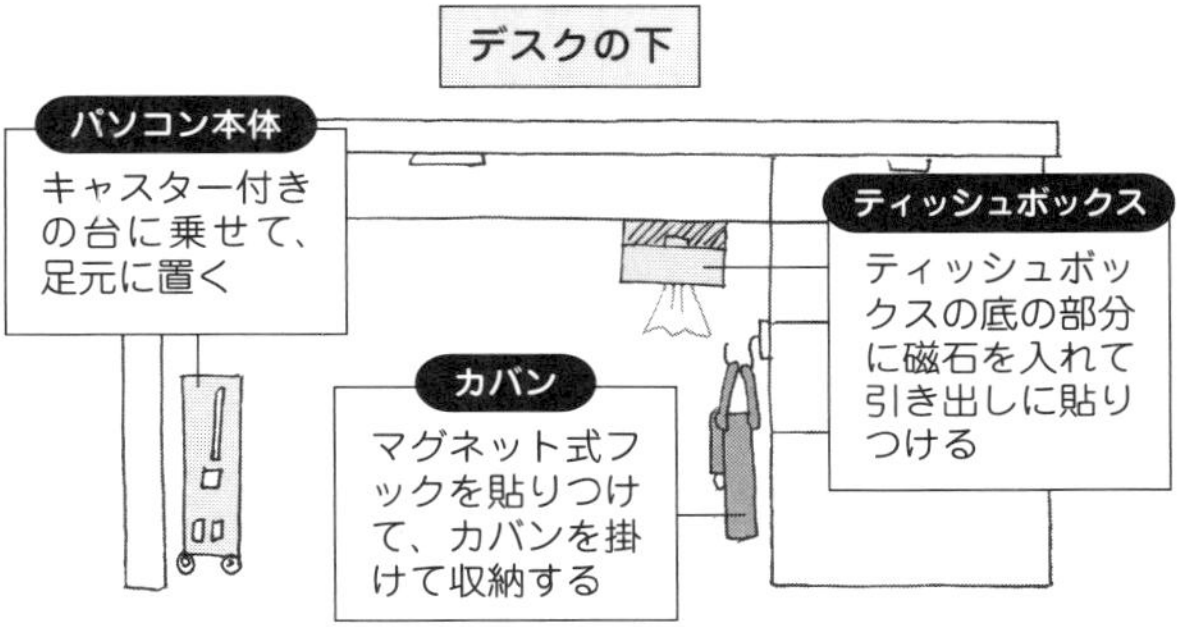

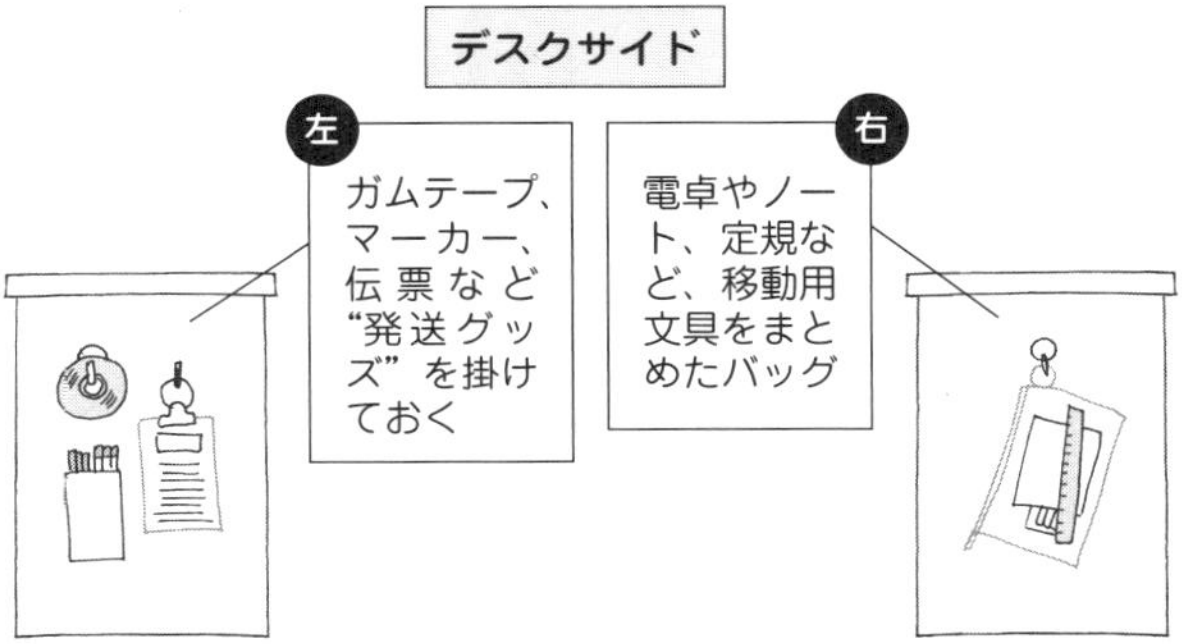

急な来客時に身だしなみをチェックするには

車の中から後ろの様子をチェックできるルームミラーやバックミラーのように、パソコンのディスプレイの右上に小さな鏡（凸面鏡）を貼りつけてみよう。急な来客時にすぐに身だしなみをチェックできたり、急に立ち上がって席の後ろを歩いている人に椅子がぶつかるのを防いだり、さまざまなアクシデントを回避することができるはずだ。

ャスター付きの台などに乗せておけばふだんは奥のデッドスペースに引っ込ませておいて、使いたいときにだけサッと手前に引き出すことができる。簡単に動かせれば掃除もしやすくて便利だ。

限られたスペースやデッドスペースをどうやって活かすかを考えることは、モノの新たな活用法を見つけ出す発想のトレーニングにもつながる。

頭を柔らかくして発想を１８０度変えてみると、身の回りの不都合を解決する方法が見つかるはずだ。

ひと口アドバイス

デスクの下はスペースがかなりあるので、何かとモノを収納したくなるところだ。しかし地震が起きたときには、そこは緊急避難場所にもなるということを忘れてはならない。ヘルメットも用意しておこう。

「ペン立てには同じ文具を入れない」のが文具を失くさない秘訣

●デスクがいつの間にか片づく究極の「輪ゴム整理法」

何度整理をしても、気がつくと机の上のペン立てに同じ色のボールペンや蛍光ペンが何本も入っている……ということはないだろうか。これではすぐにペン立てがいっぱいになってしまうはずだ。これは、使ったモノを元あった場所に戻していない証拠でもある。

本来ならペンケースに入っていたり、外出用のカバンに入っているはずのボールペンが机の上のペン立てに入っているということは、ペンケースやカバンに筆記用具が入っていないという可能性が高い。これでは、いざ書くときになって困ってしまうだろう。

そこで、「ペン立てには同じモノをダブらせないようにする」というルールを徹底したい。そうすれば、身の回りに余分なモノが散乱していないか、違う場所にい

ペン立てには文具をダブらせない

ペン立てのルール

①同じ色、種類のペンを入れない
②同じ文具を入れない

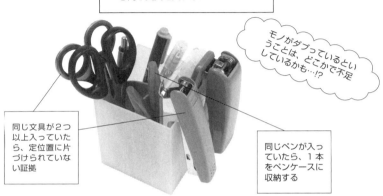

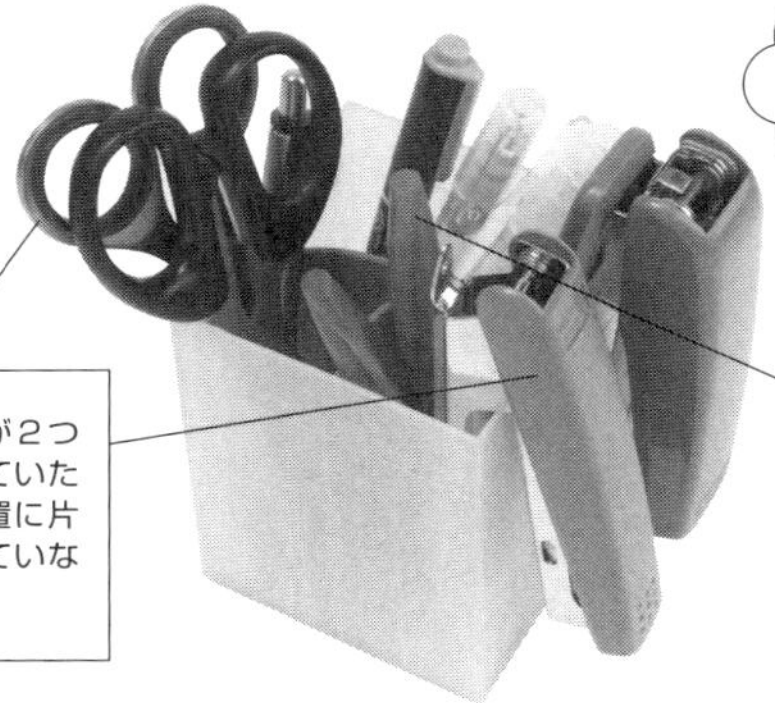

モノがダブっているということは、どこかで不足しているかも…!?

同じ文具が2つ以上入っていたら、定位置に片づけられていない証拠

同じペンが入っていたら、1本をペンケースに収納する

ペン立ての仕切りを増やしてモノの定位置を決める

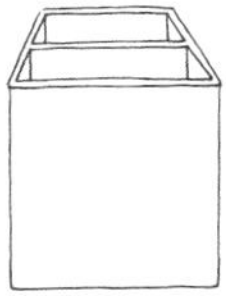

仕切りのついたペン立て

輪ゴム

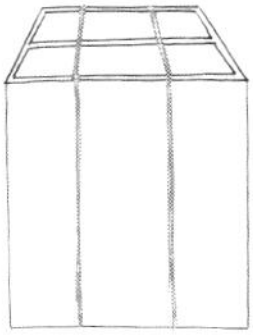

輪ゴムをかけて仕切りを増やす

インデックスシールでモノの場所を細かく決めると、さらに収納上手になる

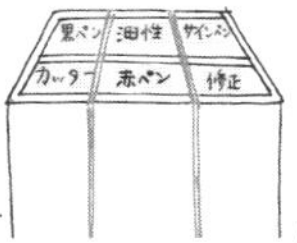

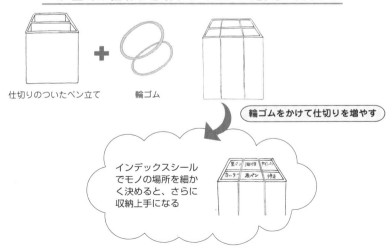

っていないかひと目でわかるのである。

ここでは、ペン立てに輪ゴムをかけて仕切りをつくるという超カンタンな整理法を紹介しよう。もし、仕切り板つきのペン立てを使っているなら、仕切りと輪ゴムを組み合わせて６カ所、９カ所とさらに仕切りを増やしてみよう。

ひとつの仕切りにはひとつの文房具を入れたり、よく使うボールペンやシャープペンシルなどの文房具を手前のほうから順に仕切りに入れていくようにする。

このように、使い終わったモノが元の場所に戻る仕組みを整えておけば、机の上も自然と片づいてモノを失くすこともなくなるはずだ。

ひと口アドバイス

ペン立てには、気づけば景品などでもらったペンがどんどん増えてしまうもの。もらい物は人にあげる、自宅用にするなど徹底して増やさないように心がけるのがいつまでもスッキリさせるコツである。

「ダブルダスト法」なら捨てるべきかどうかもう迷わない

●大量の書類がすっきり整理されるシューズボックス法

モノを捨てるのが苦手な人の机や棚などは、書類や雑誌などが山のように積まれていて作業をするスペースがほとんどない。そんな〝捨てられない人〟に実践してほしいのが2つのゴミ箱を使った整理法だ。

まず、ゴミ箱を「A」と「B」の2つ用意しよう。少しでも処分に迷ったモノはゴミ箱Aに、そして確実に捨てても問題ないと判断したモノはゴミ箱Bに捨てるというマイルールを決める。

それから、Aのゴミ箱がいっぱいになったときに、本当に処分していいかどうかをもう一度よく考えて、捨てていいモノはBのゴミ箱に移してから捨てるのである。これなら捨てる前に2回、捨ててもいいかどうかを判断するチャンスができるので、必要なものまで処分してしまったという失敗がなくなる。

「確実に捨てるゴミ」と「そうでないゴミ」を分別して捨てる

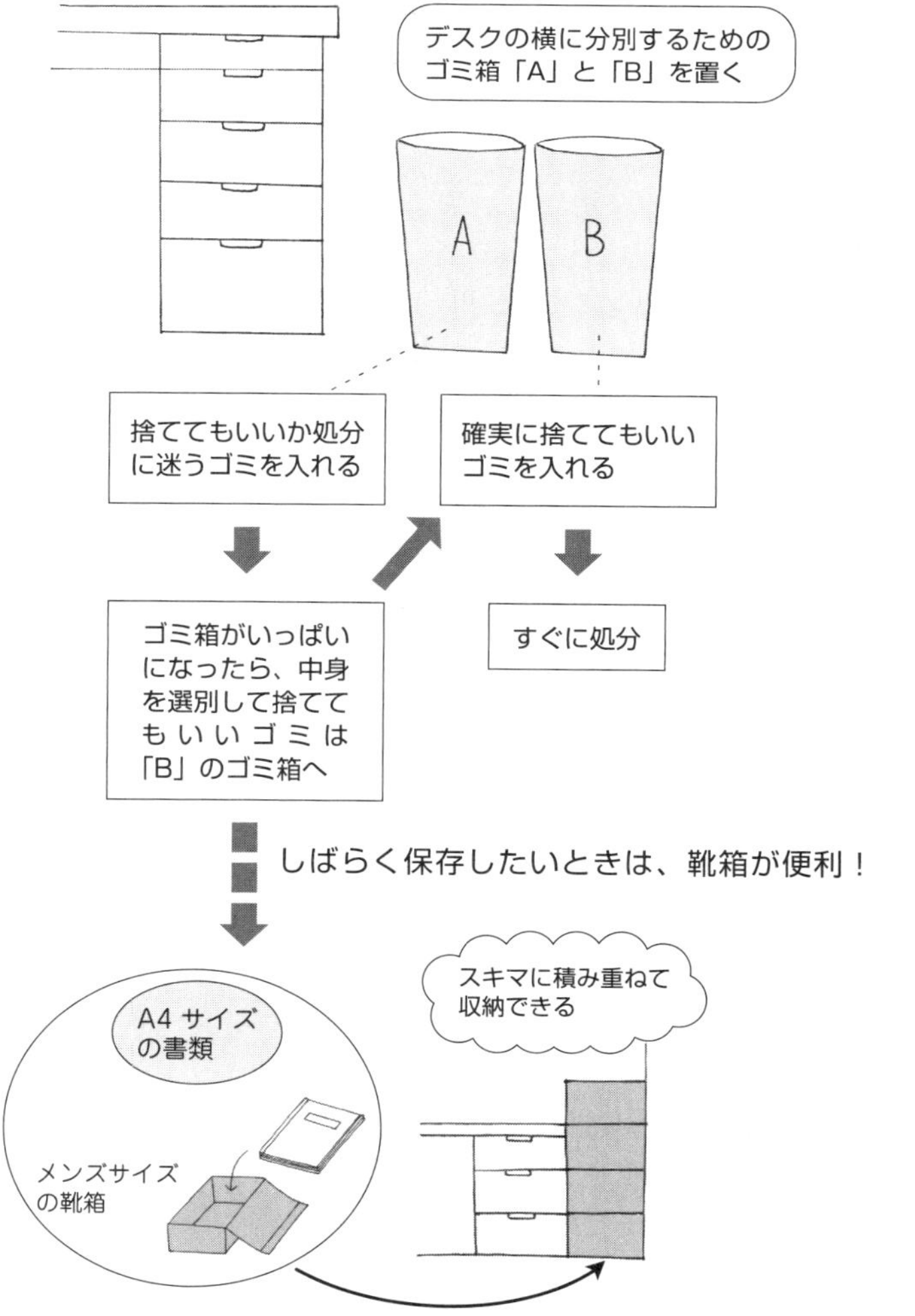

しかし、なかには迷ってしまい、しばらくは保存しておきたいものもあるはずだ。そんなときに役立つのが紙製の靴箱だ。

とくに、メンズサイズの靴箱ならA４サイズの書類もすっぽりと収まるし、壁と机のすき間など一定のスペースさえ確保できればどんどん積み重ねておくことができる。

書類などその後も増えることが予想されるものは、あらかじめ収納するための専用のスペースを用意しておけばすっきりと納めることができるのだ。

多くの情報やモノに囲まれていても、どうしても〝捨てられない〟と迷っている人はさっそく実践してみよう。

ひと口アドバイス

靴箱は意外と丈夫にできているうえ、文庫本を収納するのにもちょうどいい大きさだ。厚みにもよるが、２段に仕切って文庫本を入れてみると30冊ほど入り、ちょっとした本棚になる。

「マイお道具箱」を使えばオフィスでのムダな動きがなくなる

●何でも携帯すればオフィス全体が仕事場になる

打ち合わせが重なる日は、オフィスの中を自分のデスクから会議室へ、そしてもう一度デスクに戻ってまた別の会議室へと、忙しく移動を繰り返すことになる。

こうなると移動に使う時間もバカにならないが、複数の打ち合わせをこなすうちに「ペンを置いてきてしまった」「違うファイルを持ってきてしまった」など、うっかりミスをしてしまうこともある。

そこで、最初からよく使う文具や小物、ノートなどはひとまとめにして「道具箱」や「小物バッグ」に入れて持ち歩くようにしよう。小学生のときに使った「お道具箱」の要領である。

こうすれば、移動した先でも忘れ物がなくなり、仕事を中断してモノを探すというムダもなくなる。さらに、箱やバッグにタブレット端末なども入れておけば、終

「道具箱」に入れておくと便利なもの

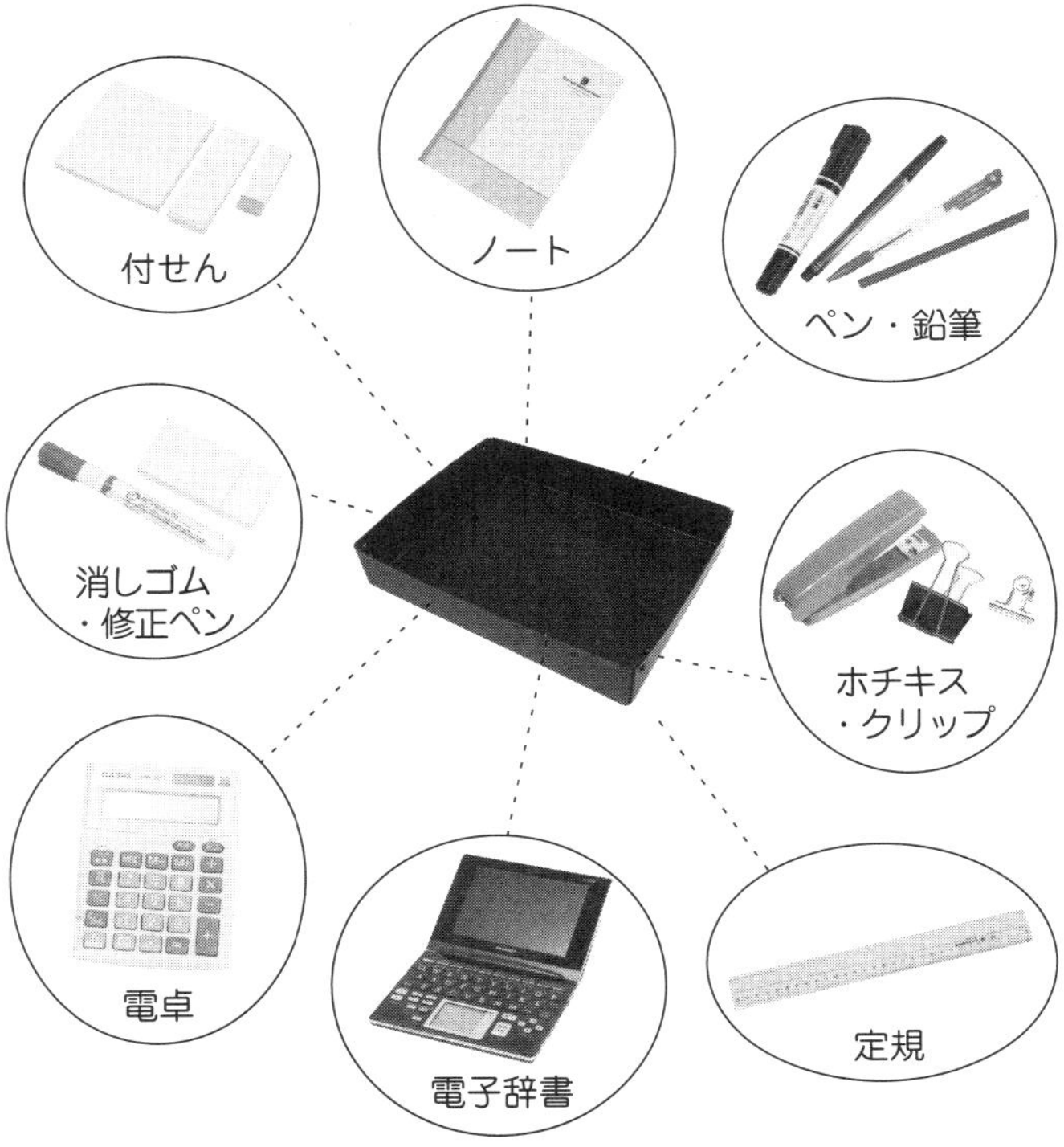

「道具箱」を常にセットしておき、必要な書類を入れてオフィス内を持ち歩くと、いつでもどこでも仕事ができる

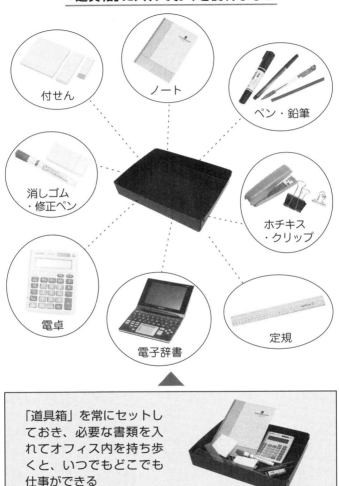

日自分の席に戻らなくても社内で仕事をすることが可能だ。そんな場合は、バッテリーが切れて電源コンセントが見つからない場合に備えて、非常用の充電器も持ち歩くといい。

どこにいても仕事ができる環境が整ってきた昨今、仕事をする場所が限定されなくなった反面、逆に一定の場所に集まって仕事をする重要性も高まっている。そんなときに忘れ物をしてムダな時間をつくるのはいただけない。

持ち歩きできるものは何でも携帯しておくことで、オフィス全体が仕事場になる。そんな発想が、ちょっとした効率アップにもつながるのだ。

ひと口アドバイス

データのやりとりに欠かせないＵＳＢメモリは、小さいため迷子になりやすい。そこで、ＩＤカードホルダーのストラップに通したり、キーホルダーに加えるなどして単体で持つことは控えたい。

使用頻度の高いモノはどの引き出しにどう入れればいいか

●自分に一番ぴったりの「片づけのお手本」の見つけ方

デスクまわりの小物や文房具を整理するために引き出しタイプの書類棚を使っている人は多いが、もっとも頻繁に開け閉めしているのは何段目の引き出しだろうか。

ふつう、机の上に書類ケースを置く場合は、上の引き出しから順番によく使うものを入れていく。ところが、書類ケースで一番使いやすいのは座っていても手が届きやすい一番下の引き出しだ。

だから、一番下の引き出しに使用頻度の高いものを入れておき、目線と同じ高さにある一番上の引き出しにはあまり使わないものを入れておくといいのだ。

一番上の引き出しに手を伸ばすか、一番下の引き出しに手を伸ばすか、その差はほんのわずかだったとしても、それが日に何度も行う動作であれば話は変わってくるだろう。

よく使うものほど下の段に入れておくと使いやすい

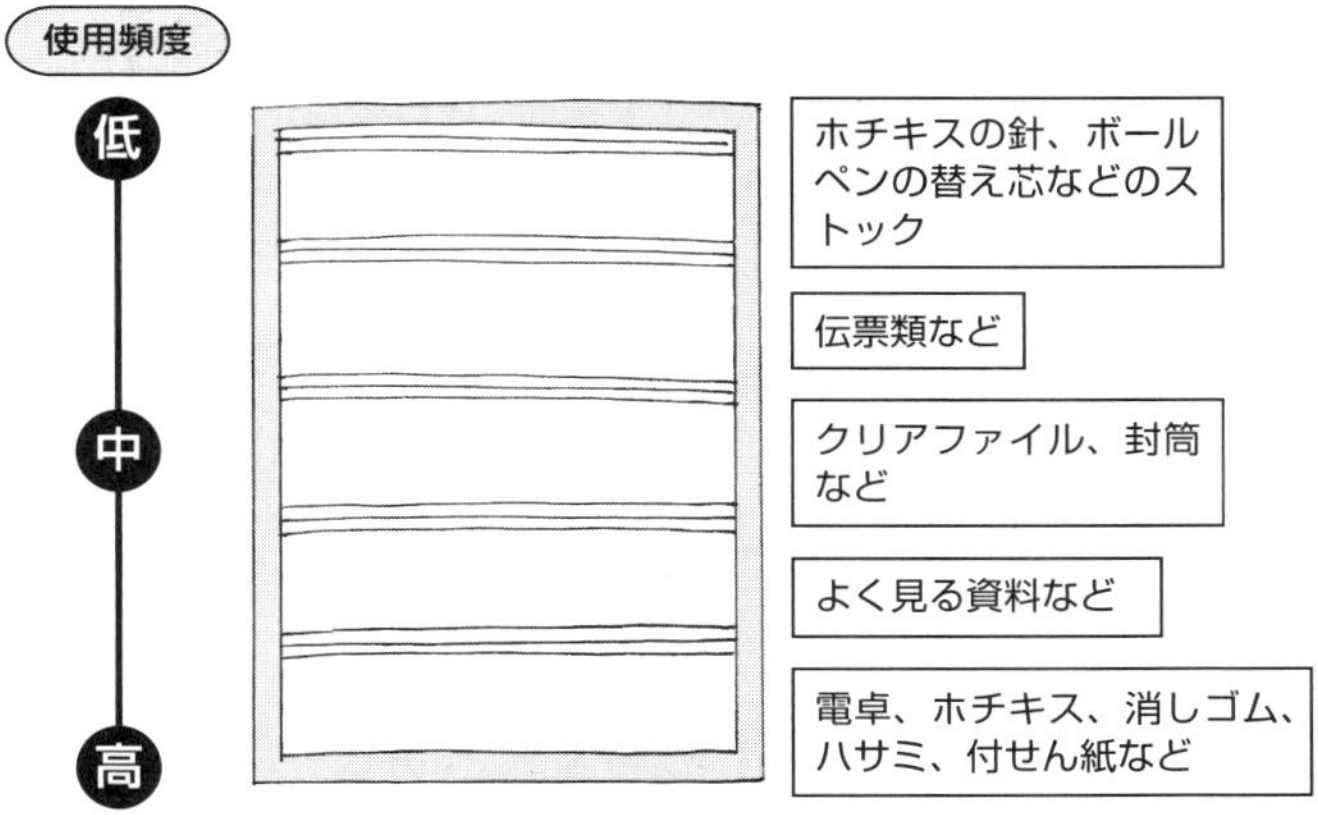
使用頻度
低
中
高
ホチキスの針、ボールペンの替え芯などのストック
伝票類など
クリアファイル、封筒など
よく見る資料など
電卓、ホチキス、消しゴム、ハサミ、付せん紙など

デスクに置く書類ケースは、よく開け閉めする引き出しを一番下にしておくと、座った状態で姿勢を変えずにモノを取り出せる

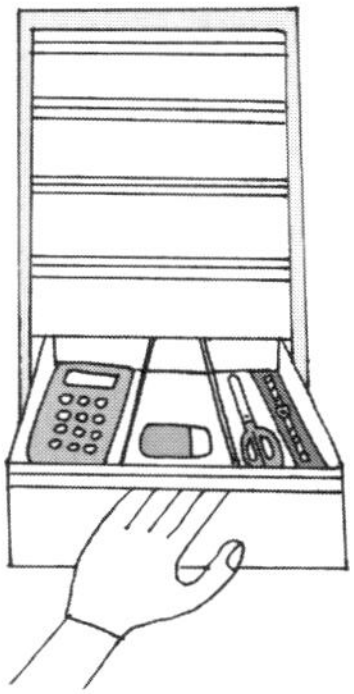

カンペキに片づいた状態を写真に撮って“お手本”にする

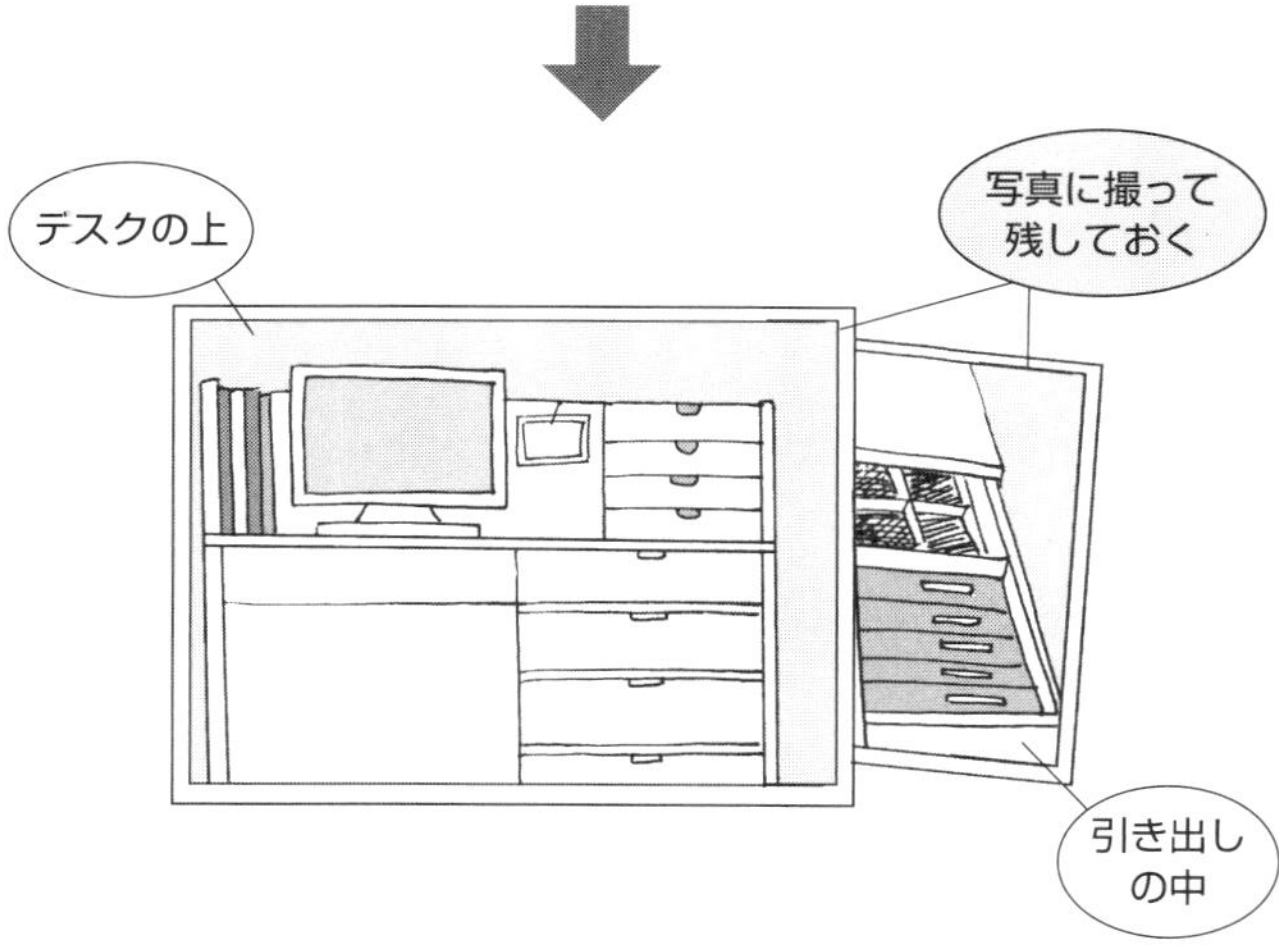

デスクが散らかりはじめたら“完成形”の写真を見てもとに戻す

しかし、そうやってデスクまわりを整然と片づけてもいつの間にか元に戻ってしまう人は、一度片づけ上手な人に引き出しの中や机の周辺を整理してもらうといい。そして、整理されたデスクを完成形として写真に撮って〝見本〟にするのだ。これならどこに何を戻せばいいのかと悩む必要もないし、ただマネをするだけで誰でもあっというまにプロ級の片づけができる。

大切なのは、ふだんは見落としがちな小さなことに対しても改善を見出す姿勢と、当たり前のように行われている物事を逆転の発想で捉えることなのである。

ひとロアドバイス

会社の地図や時刻表などのアクセス関連の情報は、クリアファイルにまとめて手元に置いておこう。そうすれば、いちいちパソコンで検索する必要もなくなる。

Column

机の上に置くべきものは…

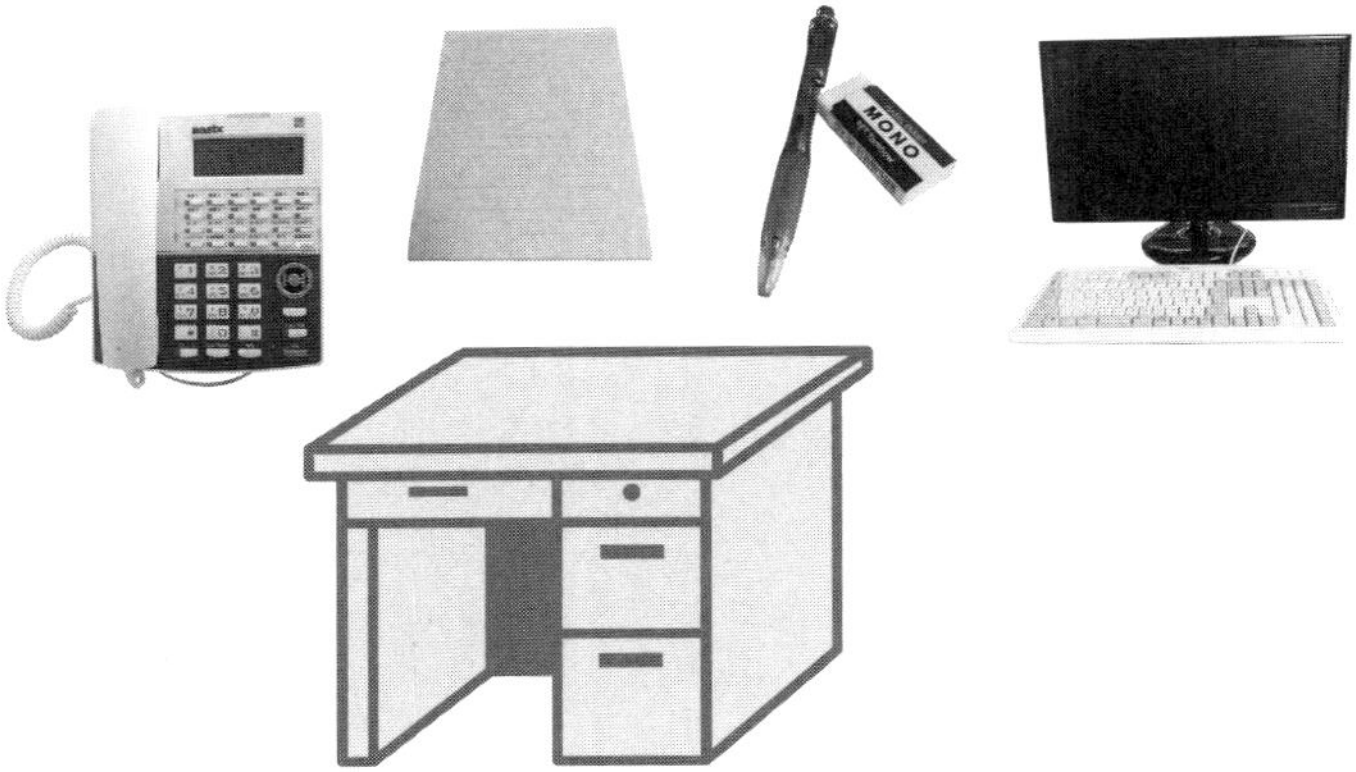

●デスクの上は毎日使うものだけにする

片づけ下手な人の机は、机の上に書類や資料などが山のように積んであり、その間にかろうじてパソコンのモニターが見えるようにしてキーボードが置かれてあったりする。

机は仕事をするところで、モノを置いておく場所ではない。デキるビジネスパーソンの机や、ＩＴメーカーの社員の机は基本的にパソコンと電話しか置いてない場合が多い。一見、断捨離かと思いきや、毎日使うペンや文房具などは机の引き出しなどにしまってあるのだ。それを必要なときに引っ張り出しては使っているのである。

そこまでとはいわないまでも、机の上に置くものは毎日使うものだけに限定したい。パソコンや電話機、ペン類、消しゴム、メモ帳、ハサミや定規などだ。

１週間に一度だけしか使わないものなどは机の引き出しの中に仕分けをして入れておけばいいし、今取り組んでいる仕事が終わるたびに書類や道具などをしまって、また次の仕事が始まるときにそれらを机の上に出せばいいのだ。

STEP2

PC力

書類作成がサクサクできる時短データ管理術

パソコンを使いこなしているつもりが、いつの間にかパソコンに“使われて”しまってはいないだろうか。日進月歩のIT機器に振り回されず、デジタルにアナログの思考をプラスした目からウロコのPC使いこなし術とは。

パソコンがフリーズしたときの超「奥の手」データ管理法

●電話やFAXを使うと思わぬ副産物が生まれることもある

取引先に送るメールを書き上げて、いざ送信しようとしたところで突然パソコンがフリーズしてしまった——。こんなとき、あわてて強制終了してしまったという経験がある人は多いだろう。

だが、電源を落とすと苦労して書き上げた文面が一瞬で消えてしまうし、保存されないこともある。どうにか書き直さずに済む方法はないものだろうか。

こんなときは、あわてずにフリーズしているパソコンの画面をデジタルカメラやスマホなどで撮影してその文面を残しておこう。

文字の入力こそ最初からやり直すことにはなるが、文面さえ残っていればそれを打ちこむだけの労力で済む。思い出しながら打ち込むよりはずっと早いはずだ。

また、メールで済ませるはずだった内容を電話とＦＡＸを使って連絡するという

目からウロコ！ パソコン画面の“デジカメ保存”

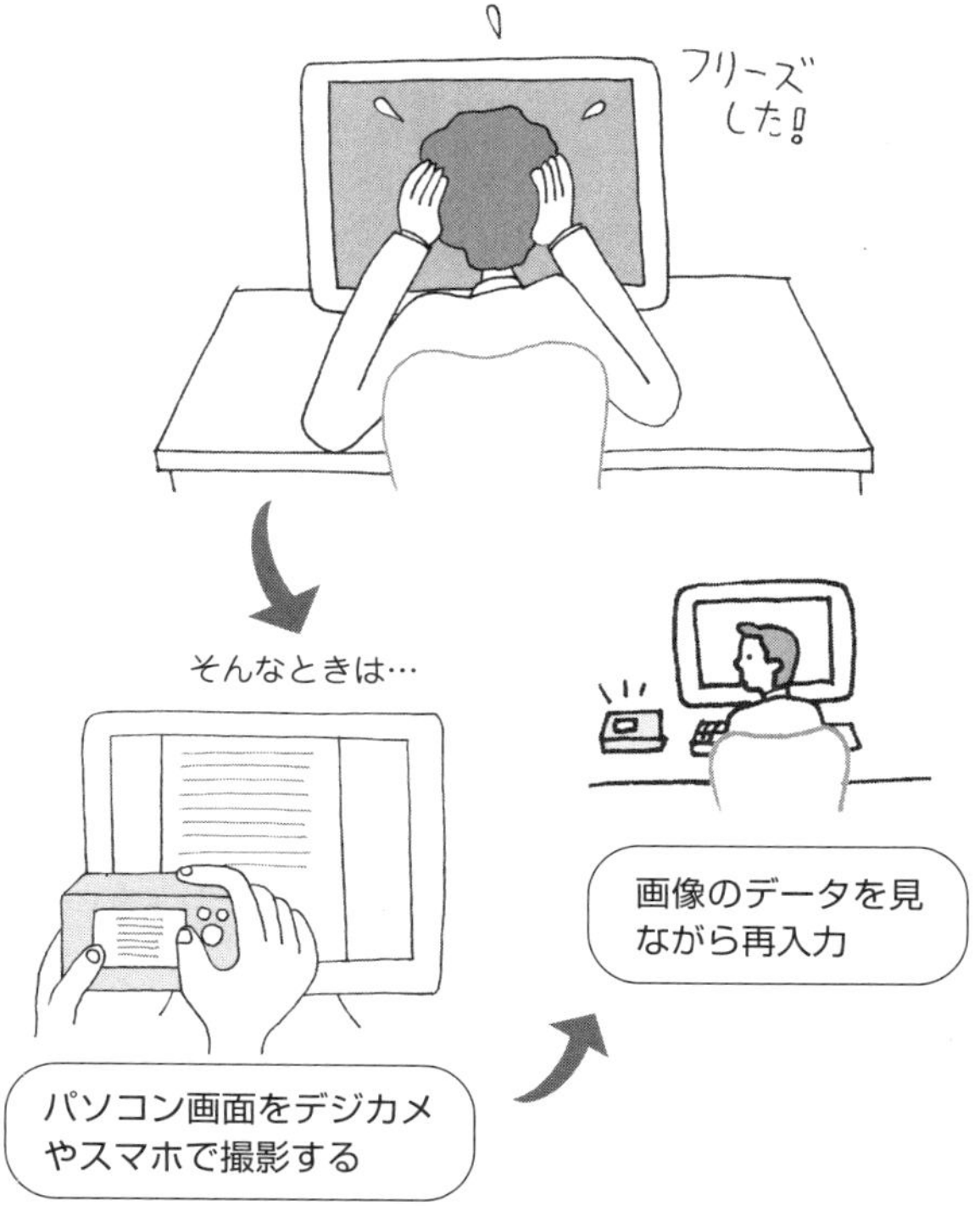

パソコンのデータはこまめに保存する！

パソコンがフリーズするのは使用環境などによってさまざまだが、主な原因はメモリ不足やアプリケーションの不具合などで避けることはできない。そこで、唯一の回避策は、データをこまめに保存することだ。完成してから保存するのではなく、ひと区切りついたら保存することを習慣にしたい。

手もある。

電話で伝えたことで、メールの要件以外のことも話すチャンスがあり、かえってコミュニケーションが図れる。さらにＦＡＸを送れば、メールと同様にやりとりの履歴を残すことも可能だ。

パソコンやデジタルツールに頼り過ぎると、思わぬアクシデントに立ち往生することもある。こうしたアナログ的思考をフル稼働させて、〝被害〟を最小限に食い止めたいものだ。

ひと口アドバイス
パソコンのＣＰＵは熱に弱い。夏場なのにクーラーもつけずに長時間使用すればフリーズしやすくなる。また、冷却ファンがふさがれていたり、ほこりを溜めて熱をこもらせないように注意しよう。

パソコンを「メッセージボード」として活用する裏ワザ法

●付せん紙にメモをして右→左へ移動させる

ビジネスパーソンが会社でもっとも目にしている時間が長いものといえば、やはりパソコンのディスプレイだろう。仕事をしている人の６割以上が「１日に５時間以上パソコンを使用している」というデータもあるほどだ。

そこで、アイデアやアポイントメント、今日中にやらなくてはならないものなどすべて付せん紙に書きとめて、ディスプレイの周囲に貼っておくといい。整理する前の情報を一時的に保存しておく場所にしてしまうのである。

たとえば、未処理の情報はディプレイの右側に貼り、処理できたものから左側に移動させるというマイルールをつくってもいいだろう。

使える情報は、データ化してパソコン本体に保存して整理すればいいし、処理が済んだものは左側に移動させて、破棄または保存すればいい。

ディスプレイの両サイドをメモボードとして活用する

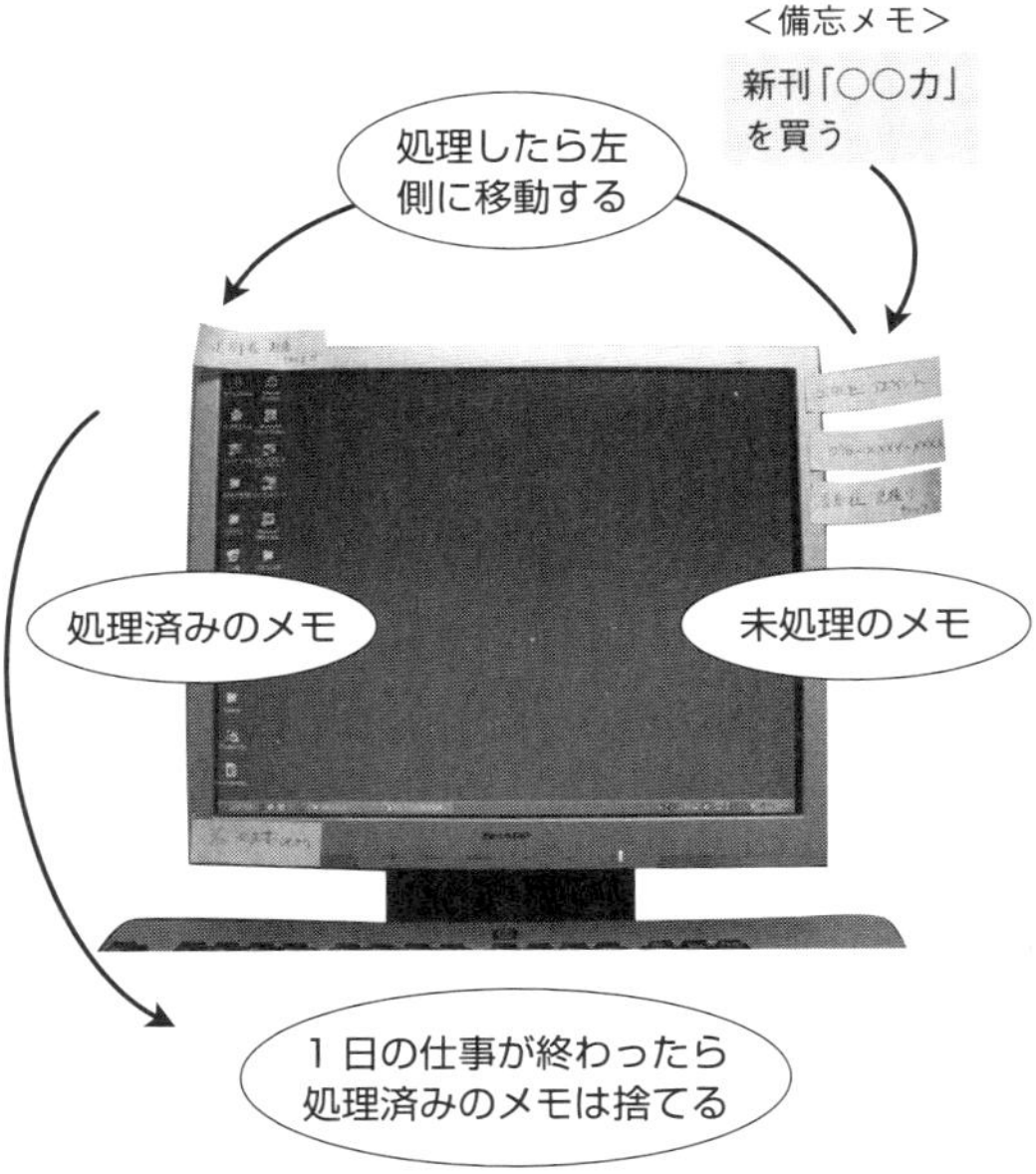

重要なメモは、処理後も忘れないように手帳に貼るか、内容を書き写しておく

いつも付せん紙がどこかにいってしまう

付せん紙のサイズはいろいろあって便利だが、小さな付せん紙などは、いざ使いたいときに限って机の引き出しの中で見当たらなくなったりする。そこで、よく使う付せん紙をデスクマットに貼りつけて固定しておこう。パッとひらめいたアイデアも付せん紙を探しまわることなくすぐ書きとめることができる。

右側の付せんが減っていけば、それだけ仕事がはかどったことになる。目につくところに貼ることで、視覚的にも意識的にも認識することができるため、集中度も高まるだろう。

また、頻繁に電話でやりとりをする取引先の電話番号などを貼っておけば〝メッセージボード〟として活用することもできる。

ディスプレイのような大きなデジタルツールは、机の上でデッドスペースを生んでしまう。そこを有効活用するにはこのようなアナログ的な思考が欠かせないのである。

ひと口アドバイス

液晶ディスプレイの足元は、意外とデッドスペースとなっている。そこで、ここに付せんを貼り付けて「付せん置場」にするといい。また、ペントレーやクリップなどを入れた小物入れを置いてもいい。

机の上と頭の中がイッキに整理されるマウスパッド

●多機能マウスは忘れ物防止に役立つ整理術のキホン

机の上にモノが多くて作業ができないと悩んでいるような人には、メモパッドと一体になっているマウスパッドをおすすめしたい。机の上からモノをひとつでも減らすことができれば、そのぶんスペースが確保できるというわけだ。

マウスパッドはパソコンで作業をしているときには何度も目がいくところでもある。忘れてしまいがちな情報をメモしておくのに最適なモノなのだ。

それに、メモを置く位置もこのマウスパッドならキーボードの手前に自然と固定されることになるので、「モノの定位置を決めておく」という整理術の基本ともいえるルールを確実に実践することができる。

パソコンやスマホなど1台で何役もこなせるデジタルツール全盛の時代だからこそ、メモ付きマウスパッドのようなクロスユースができるモノを使いこなして、机

デスクスペースを有効利用できる多機能グッズ

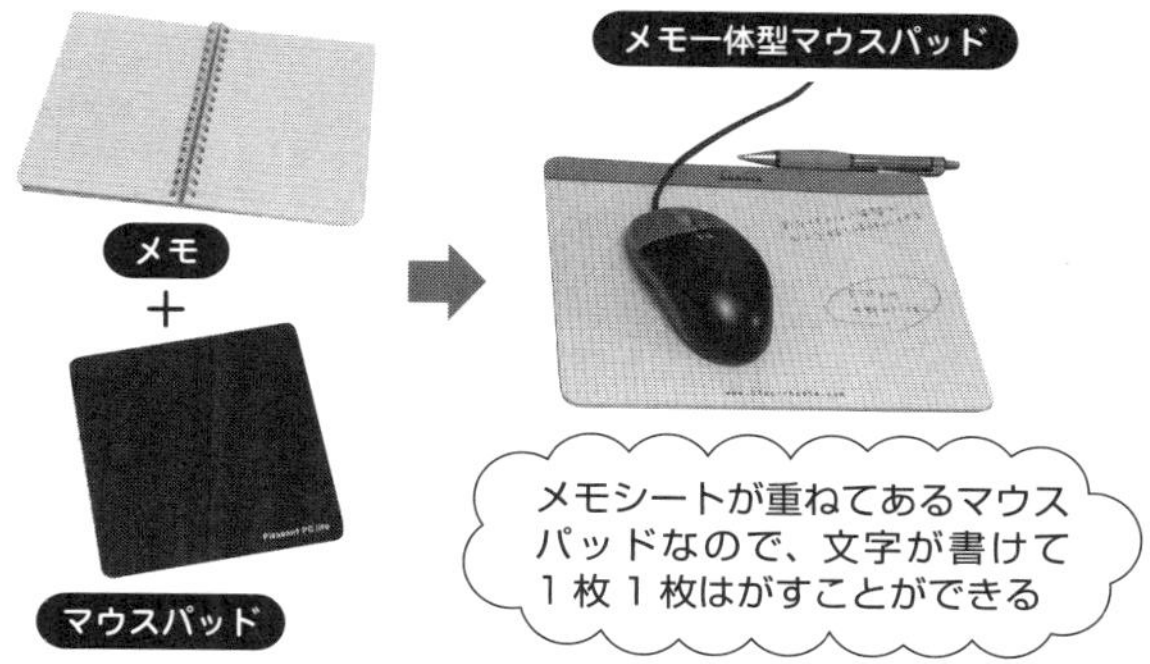
メモ
＋
マウスパッド
メモ一体型マウスパッド
メモシートが重ねてあるマウスパッドなので、文字が書けて１枚１枚はがすことができる

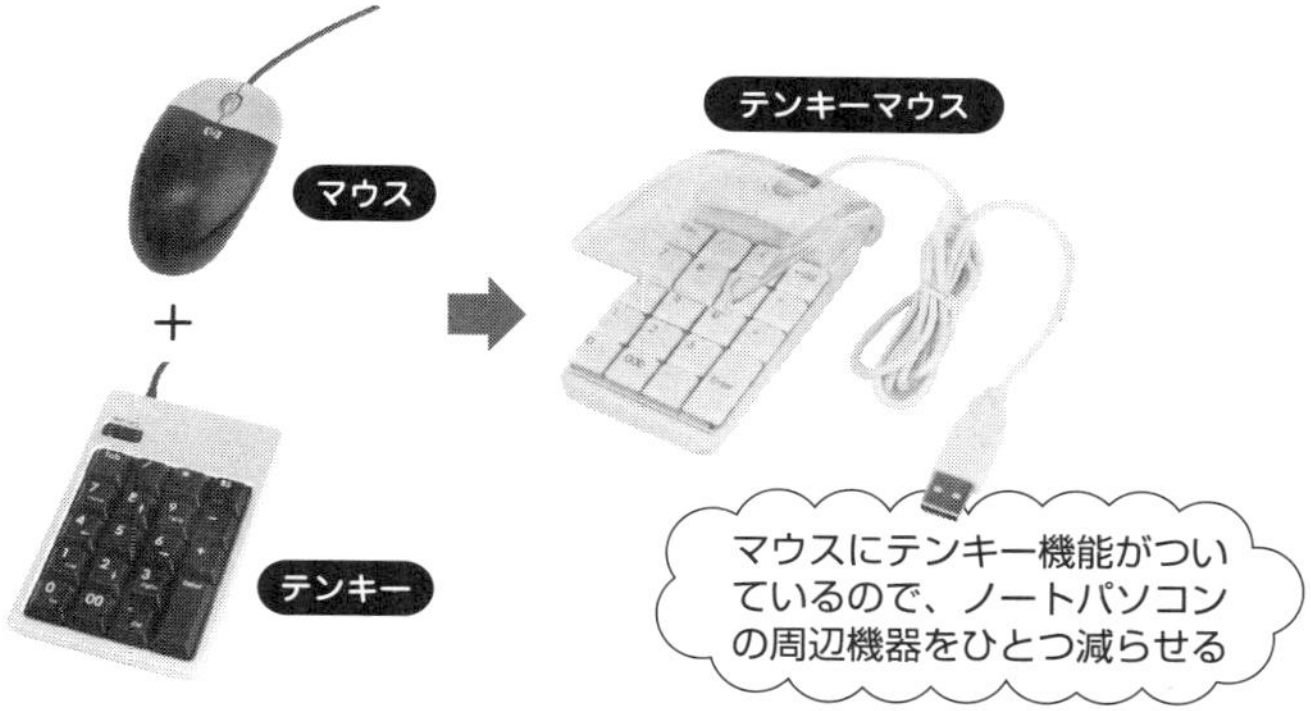
マウス
＋
テンキー
テンキーマウス
マウスにテンキー機能がついているので、ノートパソコンの周辺機器をひとつ減らせる

多機能マウスで疲れ知らず！

　トラックボールマウスをご存じだろうか。丸いボールをクルクルと回すだけでカーソルが動くマウスだ。手首を動かさなくていいので疲れないうえ、マウスの本体を動かさないのでマウスパッドも必要ない。どこに置いても使えるのだ。腱鞘炎になりそうな人は一度試してみるといいだろう。

の上も頭の中もすっきりと整理したい。

そのほかにも、多機能を備えたマウスパッドは次々と出ている。たとえば、マウスを使いながら計算できる計算機能、Ｗｅｂキーを押すだけで登録しておいたＷｅｂサイトにジャンプするＷｅｂキー機能、そしてさまざまなメディアカードに対応したカードリーダー機能などだ。

欲しい機能とマウスパッドをドッキングさせて机の上やパソコンまわりを省スペース化すれば、一気に整理されるに違いない。

ひとロアドバイス
ワイヤレスマウスはコードが付いてないため便利なのだが、オフィスに多いスチール机には弱い。使えないことはないが、金属に遮断されて思うように操作できないことがあるので要注意だ。

ＰＣ周辺機器をうっかり見失わないためのマジックテープ整理術

●快適な空間にカスタマイズする！

より多くのデジタル機器を使いこなそうとすると、アダプタや接続ケーブル、ＵＳＢハブなど必要になる備品も増えていく。ところが、デジタルカメラから画像データを急いで取り込みたいときに限って、接続ケーブルやカードリーダーが見つからないということは多い。何かいい整理法はないものだろうか。

おすすめは、これらの備品を種類や用途別に分類して、中身が見える透明ポーチに入れて整理する方法だ。

ポーチに収納しておけば長いケーブルが邪魔になることもない。それぞれのポーチにはひと目でわかるように機器の名前を明記しておけばカンペキだ。

また、外付けのハードディスクやＤＶＤドライバ、ＵＳＢ式の携帯充電器などは、マジックテープを貼ってパソコン本体やモニターの空きスペースに貼っておけばす

パソコン周辺機器の整理術

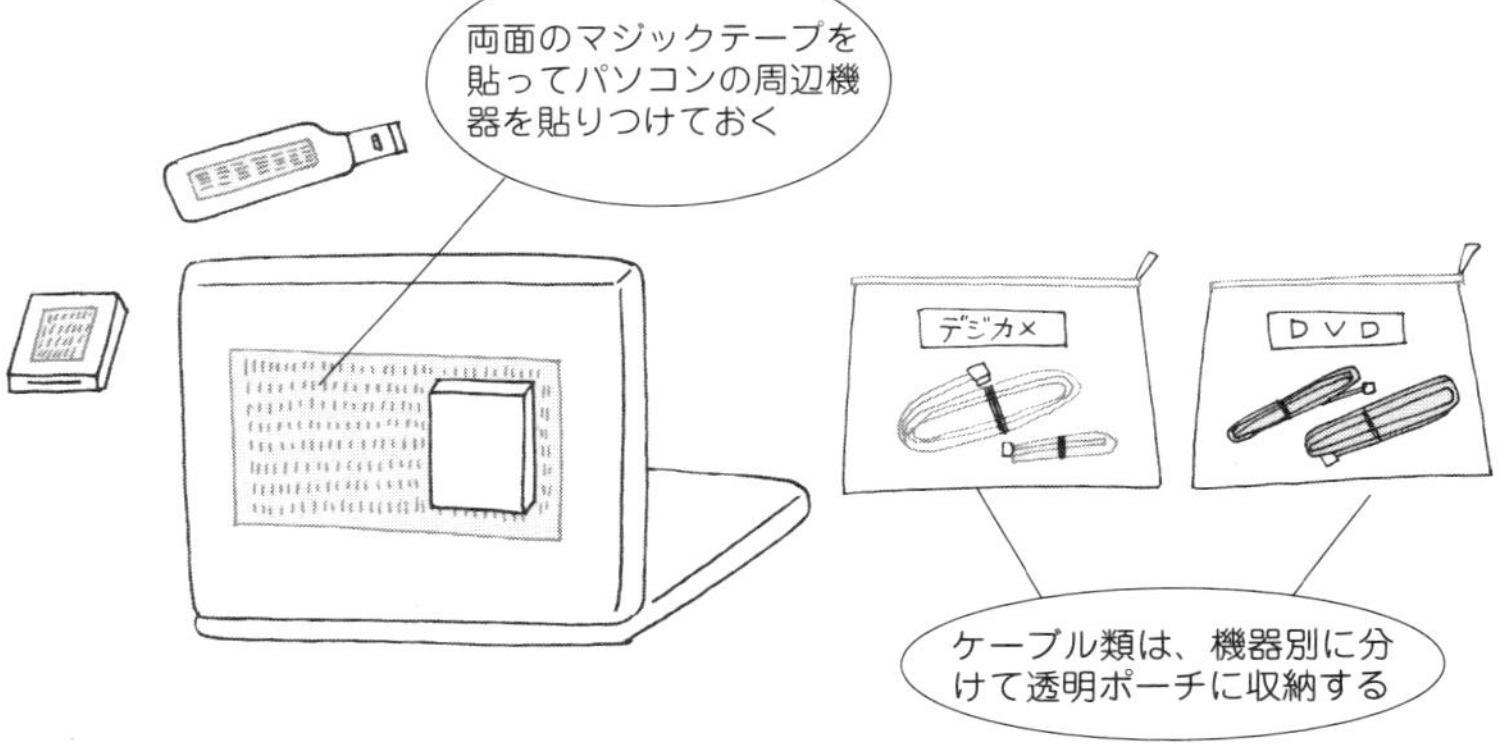

自分専用のパソコンは自分好みにカスタマイズする

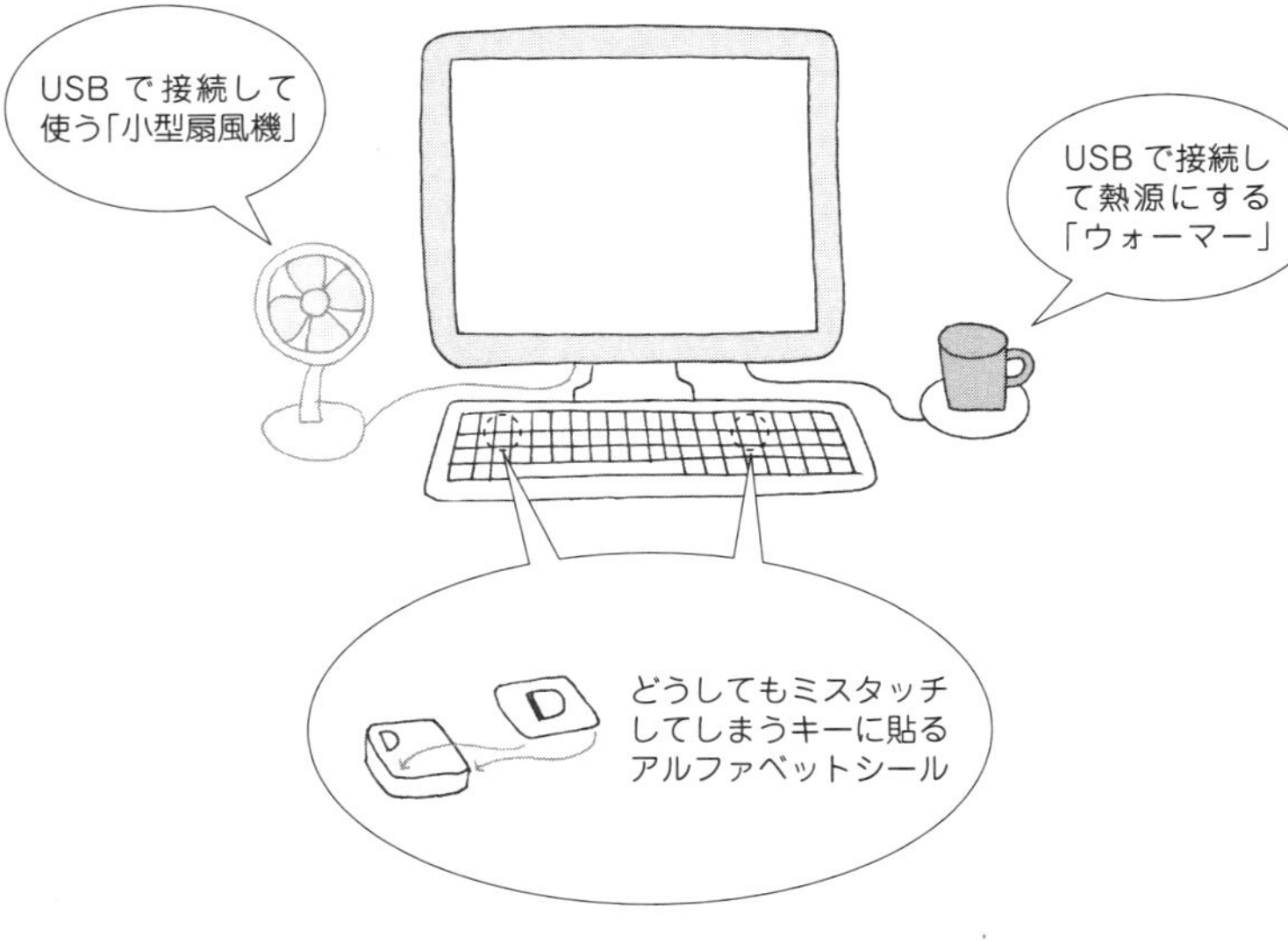

ぐに使うことができる。

また、会社で自分が専用に使っているパソコンがあるなら、とにかく快適に使えて仕事に集中できるようにどんどんカスタマイズしたい。

たとえば、冷え性の人はＵＳＢでパソコンにつないで保温できるウォーマーを使うといい。ちなみに、暑がりの人ならＵＳＢ式の扇風機もおすすめだ。

さらに、長年の習慣でいつもミスタッチしてしまうようなキーは、ひと目でわかるようにシールを貼って強調しておくとミスを減らすことができる。

パソコンに限らず、作業効率を上げる身の回りのカスタマイズは積極的に行いたい。

ひと口アドバイス

キーボードの上に市販の透明な作業台をかぶせて立体的にデスクスペースを増やしてみよう。キーボードにはその台の中に手を差し込んだ状態でタッチすればいい。キーボードのほこり除けにもなる。

仕事がサクサク進むデータ作成法とファイル名の名付けルール

●アナログ思考に基づいたルールづくりが必要

パソコンでデータを作成するとき、いつも同じソフトで作成していないだろうか。なかでも利用者が圧倒的に多いのが「ワード」だろう。もちろん、使い慣れているソフトのほうが使いやすいとは思うが、ちょっとしたことに気を配るだけでその後の仕事の効率がグンとアップしたりするのだ。

たとえば、ふと浮かんだアイデアを箇条書にした文字情報だけのデータは、テキストファイルで作成したほうが容量も軽いし、ファイルを開くときにもすぐに立ち上がって扱いやすい。

まずは、動作が軽いこと。そしてショートカットが利用できて複数の文字コードが扱えることを基本に選択してみよう。一般的なワードは機能も充実しているぶん、長文を作成する場合には動作が重くなる傾向がある。

文書の内容によって使うソフトを変える

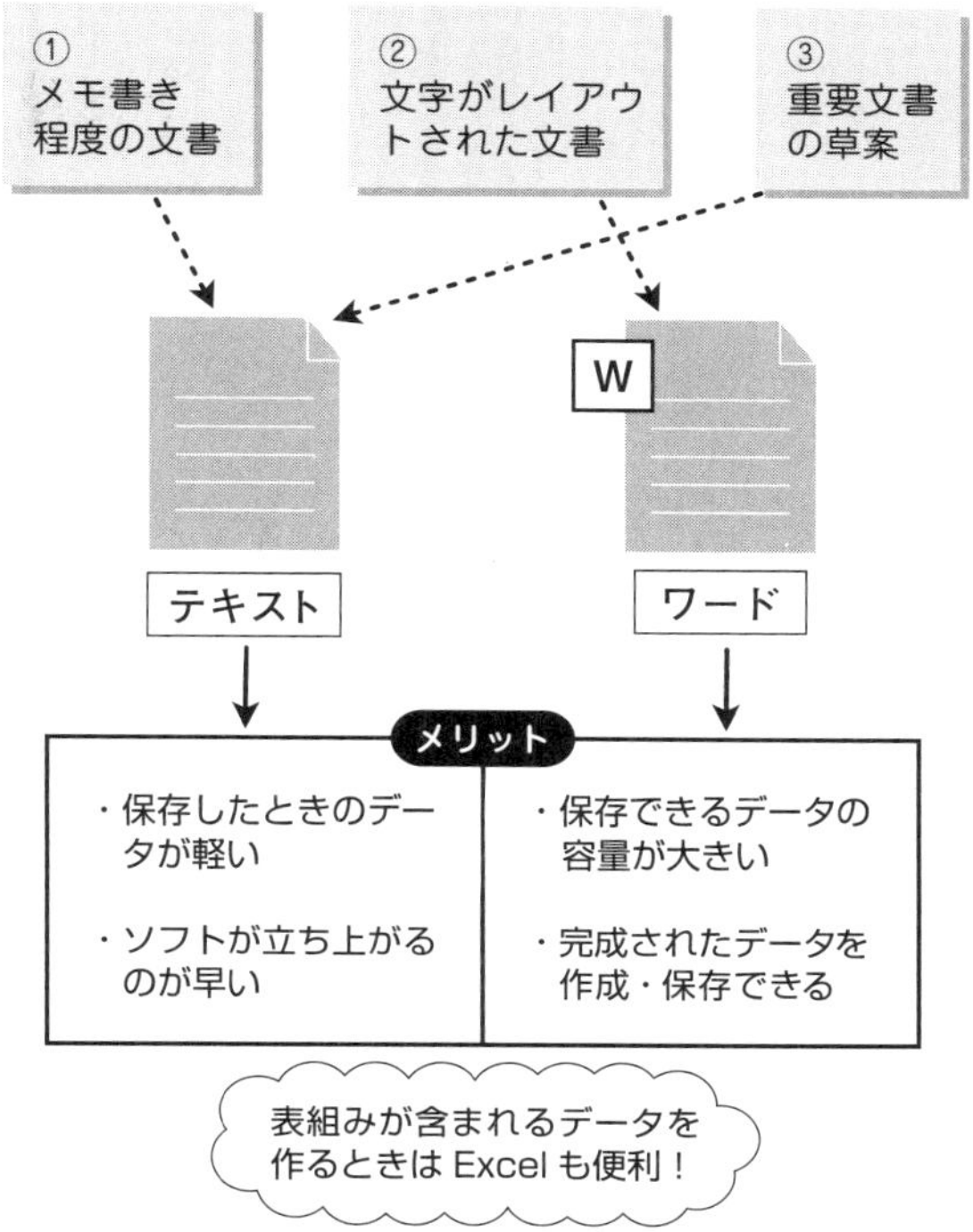

リッチテキストとは…

テキスト形式は文字だけの情報だが、リッチテキストは文字の種類や色を変えたり、画像を取り込んで音楽が聞こえるようにすることもできる。しかし、相手のOSによっては表示できない場合もあり、ビジネスでは利用しないほうがいい。もし、写真などの画像を送るときにはテキスト形式に貼り付けて、添付ファイルで送るようにしたい。

パソコンのような多機能なデジタルツールだからこそ、自分の思うままに使いこなすためにはアナログ的思考に基づいたルールづくりが欠かせないのだ。

また、パソコンのファイルを作成するときは、ファイル名の「名付けルール」を徹底することも重要だ。

データによってファイルの名前がバラバラでは管理や検索に余計な手間と時間がかかってしまうだろう。

そこで、「日付／プロジェクト名／バージョン」など名前のつけ方に関してルールを決めておけば、そのつど悩まずに名前をつけられるというわけだ。

ひと口アドバイス

ファイル名に日付を入れる場合は、ケタ数をそろえることが大切だ。たとえば、2019年1月1日なら、「20190101」というように、月日がひとケタでも前に「0」をつければ必ず順番通りになる。

読みやすい書類、保管しやすい書類は余白の取り方が違う

●たった1行が次のページに残るのを防ぐには？

パソコンで見た画面をプリントアウトしようとして、気軽に印刷ボタンを押したら思いのほか大量にプリントアウトされてしまったなどという失敗談は多い。

そのため、プリントアウトするときには必要もないのにカラーで印刷をしていないか、あるいは２ページを１ページに集約して印刷できないかなど、紙やインクのムダ遣いに気をつけている人もいるだろう。

そこで、印刷するときには印刷レビューで確認するのはもちろんだが、余白の取り方にも気を配りたい。

たとえば、リングファイルなどに綴じて保管される書類ならば、パンチで穴を開けるための余白を確保する必要があるし、書類の内容に関して修正やメモを書き加える予定のある書類には、メモ欄として十分な余白を残しておくべきである。

印刷するときは目的に合わせた「余白」の設定を

〈リングファイルに綴じる場合〉

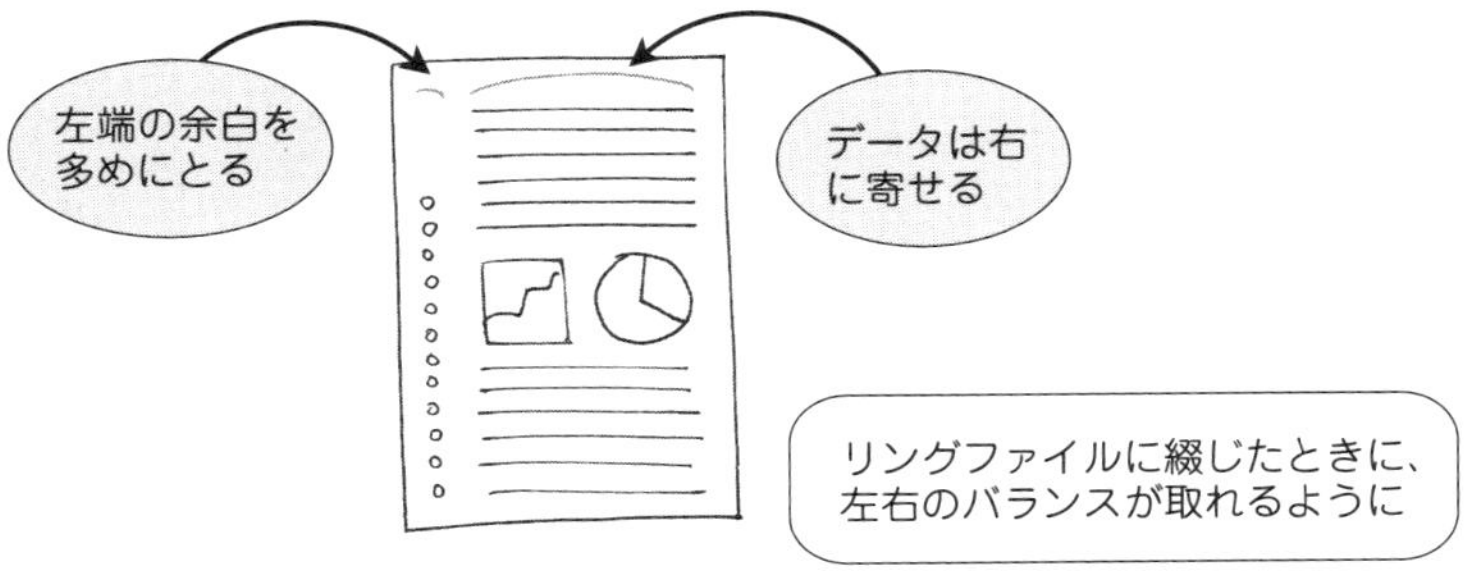

〈書き込みを加えたい場合〉

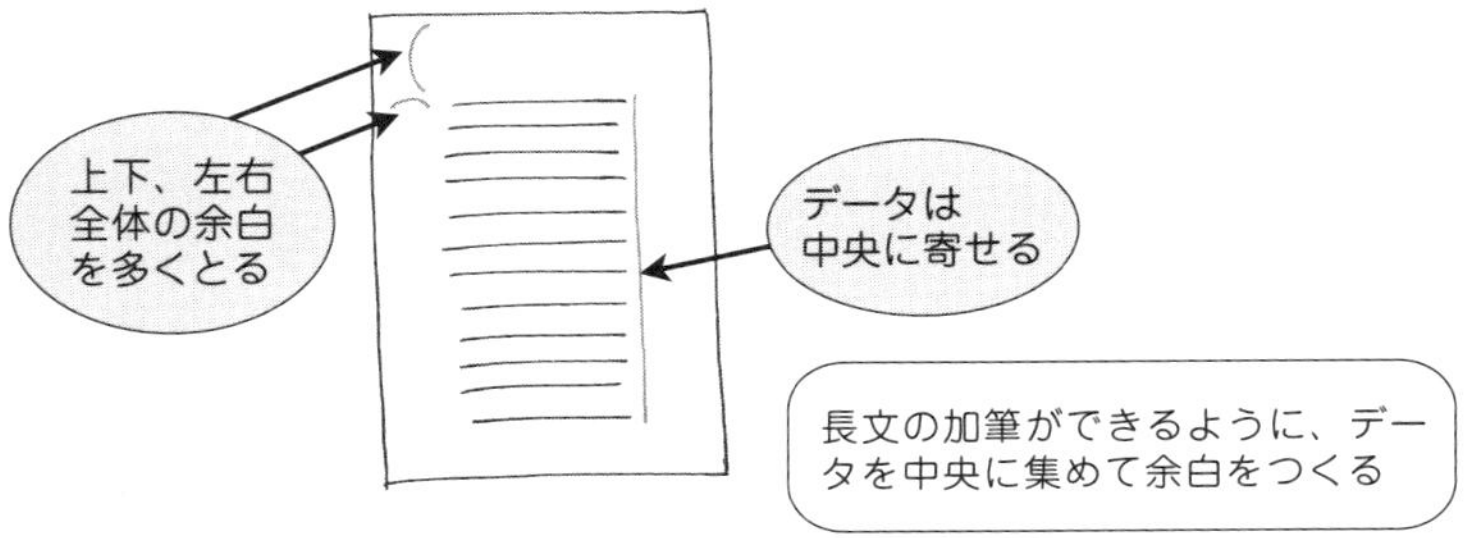

余白の角を折れば最新ページに飛べる！

手帳やノートなどには、しおりの代わりに使い終わったページの角を切り取って“チェック済み”とするものがある。これで、一番新しいページが一発でわかるのだ。そこで、書類でも新しいページにサッと飛ぶために余白の角を切ってみてはどうだろう。切れない場合は折るだけでも同じ効果がある。

また、大量のデータをチェックするためだけにプリントアウトするときには、余白を減らせば1枚でも紙の枚数を減らすことができる。

そうかと思えば、プリントアウトしてから気がつくのが、たった1行だけ次のページに残ってしまうパターンだ。かなりの無駄遣いといっていいだろう。

自分の手元を離れた情報がどう扱われるのかをイメージできれば、必要とされているとおりの情報をムダなくアウトプットすることができる。

こうした些細なことを常に実践できれば、あなたの評価は高まるはずだ。

ひと口アドバイス

余白の取り方も大切だが、字間、行間の取り方も大事だ。文字がつまり過ぎても空きすぎても読みにくいからだ。プリントアウトをしてからもチェックすることを心がけよう。

確実に社内回覧させたかったら「メールよりも文書」が鉄則

●アナログにすれば「情報」の動きがひと目でわかる！

会社の飲み会などで幹事を任されたことがある人ならわかるだろうが、出欠確認のメールを参加者に一斉送信しても、期日になってもほとんど返事が返ってこないということがある。

しかたなく1人ひとりに出欠の確認をすると、ほとんどの人が口をそろえて「忙しくてメールを見落としていた」というのだ。

こんなときは、メールよりもその案内をプリントアウトして社内を「回覧」させるほうが早い。

捺印してから次の人へと手渡しをしてもらえば見落とされる可能性も低いし、回覧がどこで止まっているかも容易に確認できる。このとき、回覧用紙の捺印欄が座席表と同じ配列だと回覧しやすい。回覧用紙のテンプレートもあるので活用してみ

回覧用紙づくりのポイント

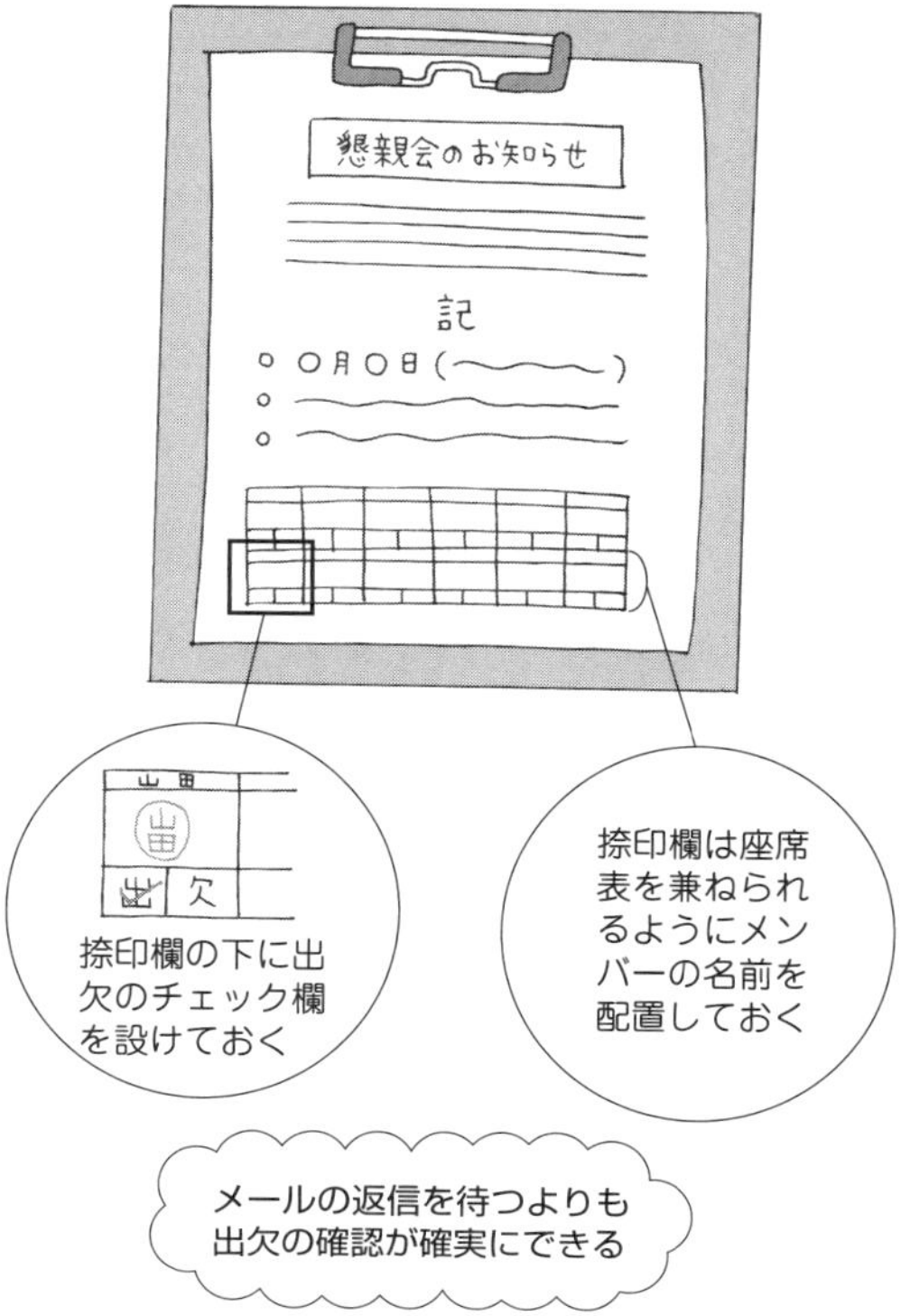
懇親会のお知らせ
記
○月○日（　）
山田
出　欠
捺印欄の下に出欠のチェック欄を設けておく
捺印欄は座席表を兼ねられるようにメンバーの名前を配置しておく
メールの返信を待つよりも出欠の確認が確実にできる

よう。

ちなみに、回覧をなかなか回してくれない人がいて困るという場合には、まずは回覧を掲示板に貼って捺印欄にチェックを入れてもらい、数日してからチェックの入っていない人にだけ回していくという手もある。

メールなどデジタルに頼ったコミュニケーションは、スピードこそ速いものの情報が意図しているとおりに伝わらないこともある。

回覧のように昔ながらのアナログな方法に頼って、情報の動きが逐一目に見えるようにしておくのもひとつの手なのだ。

ひと口アドバイス

回覧を回す順序は社内や部署で決まりがあるだろう。ただ忙しい上司から先に回した場合、いつ回り終えるかわからない。そんなときは、回覧の内容の担当者から優先的に回すなど臨機応変に対処しよう。

写真やデータをもっとも確実に保存する方法とは

●用途や目的に合わせてデジタルか紙を選択

パソコンに入力されている重要なデータは、破損や紛失防止のためにパソコンのハードディスク以外にも保存しておくことが常識だ。そこでデータを記録するためによく利用されているのが、ＵＳＢメモリに代表されるフラッシュ型メモリや、ＣＤ、ＤＶＤなどの光学系メディアである。

しかし、こうしたメディアに一度保存しておけば安心かと思いきや、これらにも当然寿命がある。光学系メディアが短くて10年ほど、フラッシュメモリーは５年ほどでデータが蒸発する可能性があるため、数年ごとに新しいメディアにバックアップするのが賢明といえる。

ところで、写真やテキストデータの長期保存方法として最も実用的なのが、じつは紙にプリントアウトしておくことなのだ。

データの内容によって保存方法を変えてみる

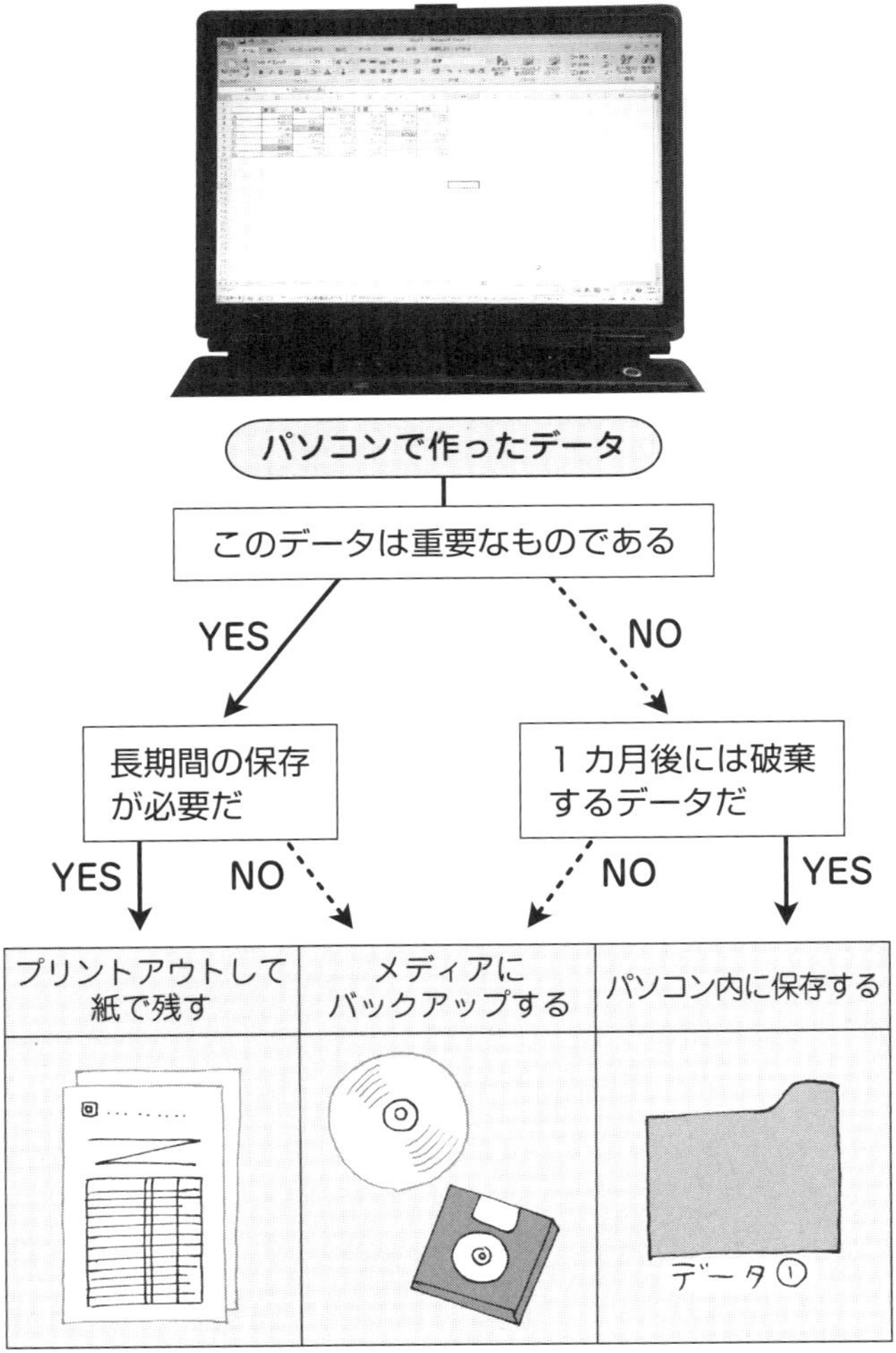

これは一見、デジタル全盛の時代に逆行するようだが、プリントアウトをしておけばパソコンがなくても中身を確認することができるし、何より少しでもメディアに問題があると読みとることが難しいデジタルデータと違って、多少劣化しても中身を確認することができる。

とはいえ、すべてのデータを紙に打ち出して山のように積み上げるというわけにはいかない。そこで、用途や情報の種類に合わせて、デジタルと紙を選択していくのがベストな判断といえるだろう。

ひと口アドバイス

ＣＤやＤＶＤの保存方法で気をつけることは、環境変化が激しい場所は避けること。そして、ケースに入れて立てた状態で保管するのが望ましい。また、ディスク面に触れないように扱うことが大切だ。

いつでもどこでも同じ情報をチェックできる環境の整え方

●複数のパソコンを使い分けできる「共有」方法のあれこれ

2台以上のパソコンを使い分けていると、パソコン同士でいかに情報を共有させるか頭を悩ませるものである。

そこで、そんな人は検索エンジンやポータルサイトなどで無料で提供されているツールバーの中から、使いやすいものを、自分が使っているそれぞれのパソコンにダウンロードするといい。

これで複数のパソコンで同じツールバーを共有できるようになるし、よく見るホームページをブックマークするときにもツールバーにあるブックマーク機能を使うようにすれば、同一のアカウントでログインするだけで、異なるパソコンからもお気に入りのサイトにアクセスすることができるのだ。

また、モバイルパソコンやスマートフォンで社外からでも必要な書類をチェック

どのパソコンを使っても同じ環境でネットが使える方法

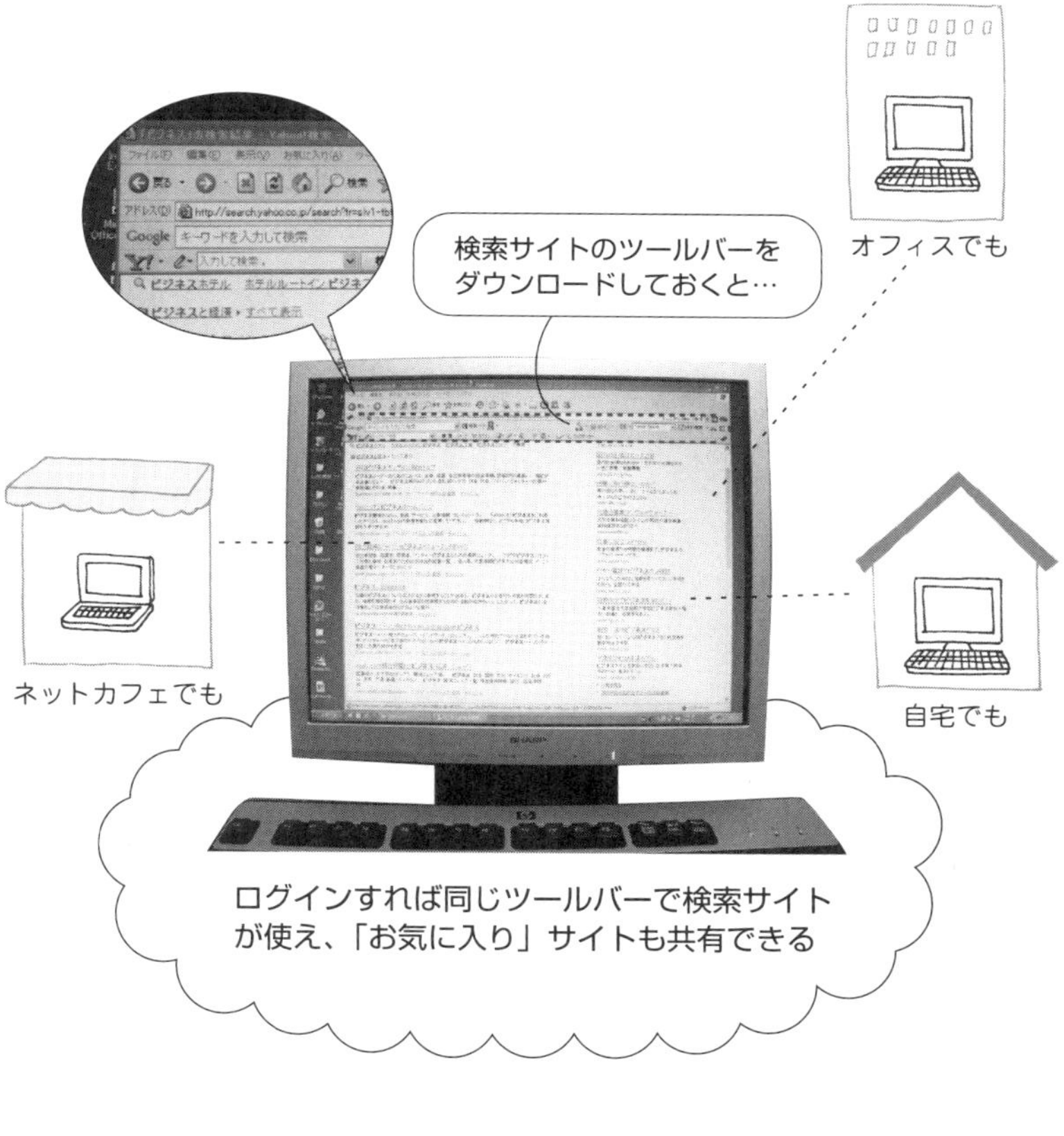

便利なサービスを使いこなして仕事環境を整える

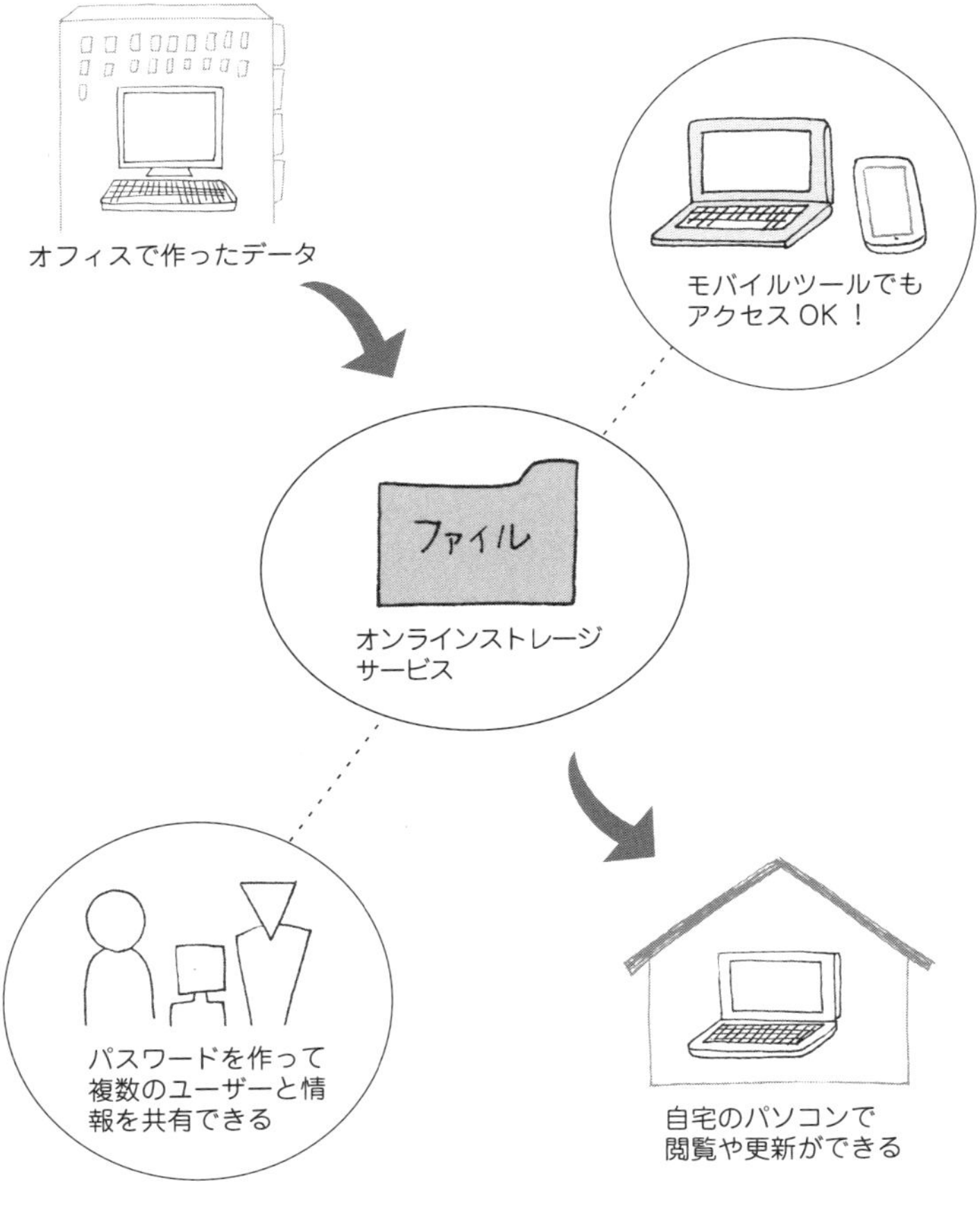

することができる「オンラインストレージサービス」も便利だ。

これはインターネット経由でファイルを保存する方法で、インターネットにつながる環境さえあればファイルをアップロードしたりダウンロードしたりできる。異なった形式のファイルでも一元管理ができるばかりか、パスワードを発行して複数のユーザーで大きなサイズのデータを共有することも可能だ。

ストレージとは「外部記憶装置」を意味する言葉。自分の外部に自分の脳をもうひとつ持ち、自分のキャパシティーを増やしてくれるということだ。

こうしてパソコンの環境を整理してどこからでも必要な情報にアクセスできるようにしておけば、どこにいてもすぐに仕事にとりかかることができる。

ひと口アドバイス

急速に広がったオンラインストレージサービスだが、数年ももたずに閉鎖されたり、無料プランが終了したところもある。賢く使うために日ごろからどのサービスが使い勝手がいいかチェックしておこう。

Column

目的のファイルへは３クリックでたどり着け！

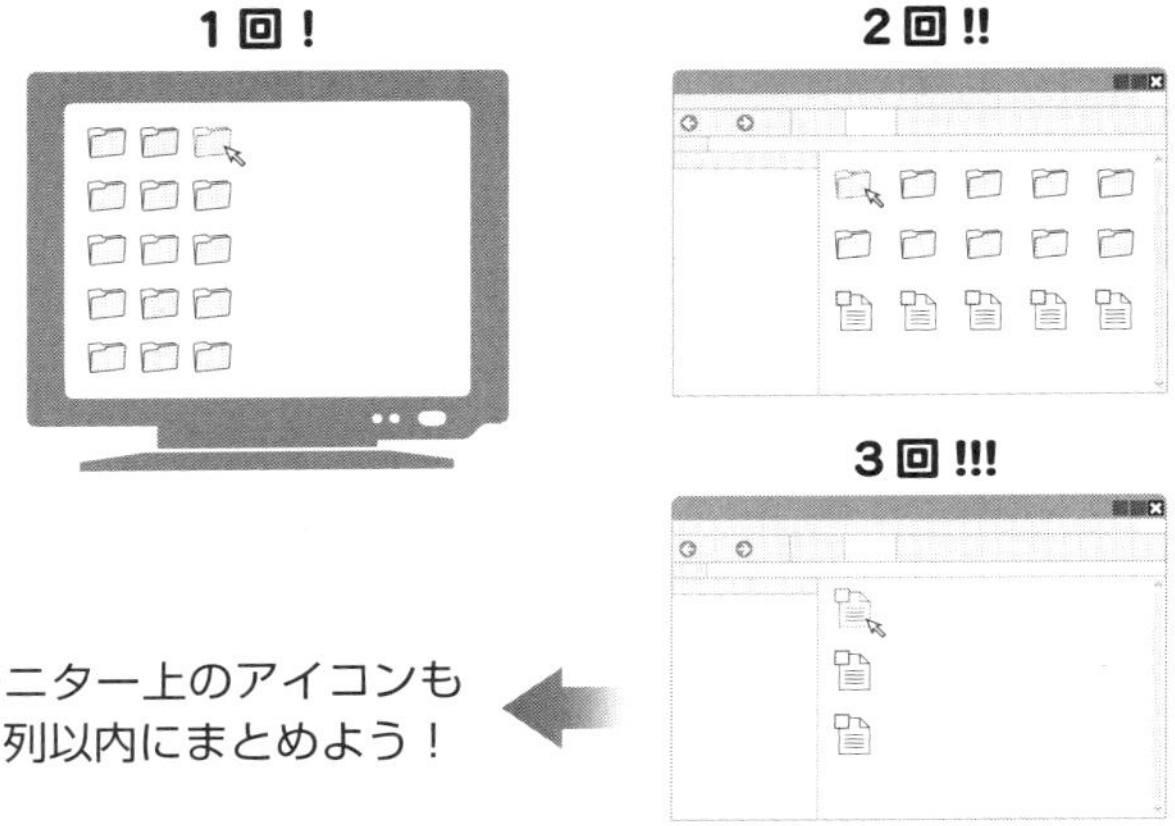

●ファイルはワン、ツゥ、スリーで開くのが原則

パソコンを操作するうえで欠かせないのが「３クリックルール」だ。いったいどういうルールかというと、使いたいファイルに３クリックでたどり着くということだ。

つまり、目的のファイルを探し出してクリックするのは３回までで、それ以上は時間ばかりかかってしまい、たどり着かなくなる可能性があるからだ。

そこで、自分のパソコンを見直してみよう。①メインカテゴリー　②サブカテゴリー　③（目的の）ファイル、と３クリック以内でアクセスできるように設計するのである。

さらに、確実に３クリックで見られるようにするために、モニター上のアイコンも３列以内にまとめるといい。

４列も５列もアイコンが並んでいたらそれだけで探すのにも時間がかかるし、デスクの上と同じで散らかり放題となり、片づけられない人になってしまう。

デジタルもアナログのように効率よく管理することが大事なのだ。

STEP3

ルーム力

やる気・集中力がイッキに高まる部屋の秘密

集中できないまま勉強や仕事に取り組んだところで、思うような結果が出ないのは目に見えている。少しだけ時間や場所の使い方を変えるだけで、自然と集中できてモチベーションが高まるような環境がつくれるのだ。

すぐに集中モードに入れる「書斎」の条件

●長板1枚で立派な仕事机ができる！

テーブルが大きく、客の話し声がBGMにもなったりするファミリーレストランは、仕事をするのに最適だという作家がいる。仕事や勉強をするにあたって、集中力が高まる環境は人によってさまざまなのだ。

そこで、たとえば自宅に仕事用のスペースがなくても自分専用の「書斎」を確保したいときには、長い板を1枚買ってきて、同じ高さの2つの棚に、この板を渡してインスタントの書斎をつくってしまおう。すると、どんな空間でもあっという間に書斎スペースに早変わりしてしまうのだ。

即席の書斎でも、ひとたびそこに座れば〝集中モード〟に入ることができる。あたかも学習塾の自習スペースのようなもので、こうして気持ちを切り替える場所を手に入れることが自分専用のスペースを持つ最大のメリットなのだ。

好きなところに書斎スペースをつくってみる

窓際に３段ボックスを
２つ置き、上に板を渡
すだけで立派な書斎ス
ペースが完成する

机の横にパーテーショ
ンを立てかけて空間を
区切るのもOK

ついダラダラと仕事や勉強を続けてしまう人は

　仕事の資料をまとめたり勉強をするときには、図書館を利用するといい。静かで集中しやすいのはもちろん、閉館時間があるので終わる時間の目標ができるからだ。また、読書に集中できないという人は、図書館の本を利用してもいい。貸出期間が決まっているので、時間を意識して読み終えられる。

また、すでに自分の机はあるのだが、1人きりになれないので集中することができないという場合には、板を机の横に立てかけてパーテーション替わりにするという手もある。

この場合は薄い板でもかまわない。座ったときにお互いの目線が隠れる程度の高さがあれば十分だ。こうするだけで、たとえ1人きりにならなくても自分の世界に入りやすくなるのである。

簡単な書斎をつくったり、カフェに行ったり、いずれにしてもわずかな手間や費用をかけるだけで集中力が手に入ると考えれば安いものではないだろうか。

ひとロアドバイス

集中力を高めるためには静かすぎてもいけない。かといって、周囲の雑音が気になる場合は、癒し系の音楽のCDやFMラジオなどでクラシック音楽を聴くといい。雑音が入らなくなり、目の前のことに集中することができる。

集中力が驚くほど続く〝一区切り整理法〟

●いったん片づけて休むのがコツ

高速道路などで大渋滞が起きるのは、ゆるやかな上り坂がダラダラと続いているために多くの車のスピードが落ちることが一因だといわれている。

自宅で勉強するときも同じで、たとえばパソコンを使って作業をしたり、参考書を読んだりする際、ずっとイスに座ったままだとダラダラと続けてしまいがちだ。すると、自分でも気がつかないうちに集中力が途切れ、時間が経つにしたがって作業効率が落ちていく。

そこで、たとえば何かひとつの作業が終わったら、いったん机の上の文房具や書類をすべて片づけるようにしよう。できれば一度、席を離れて休憩を挟むのがベストだ。そうすれば強制的に〝区切り〟をつけられて、その後も集中力を持続させることができる。

仕事をひとつ終えるごとにデスクを片づける

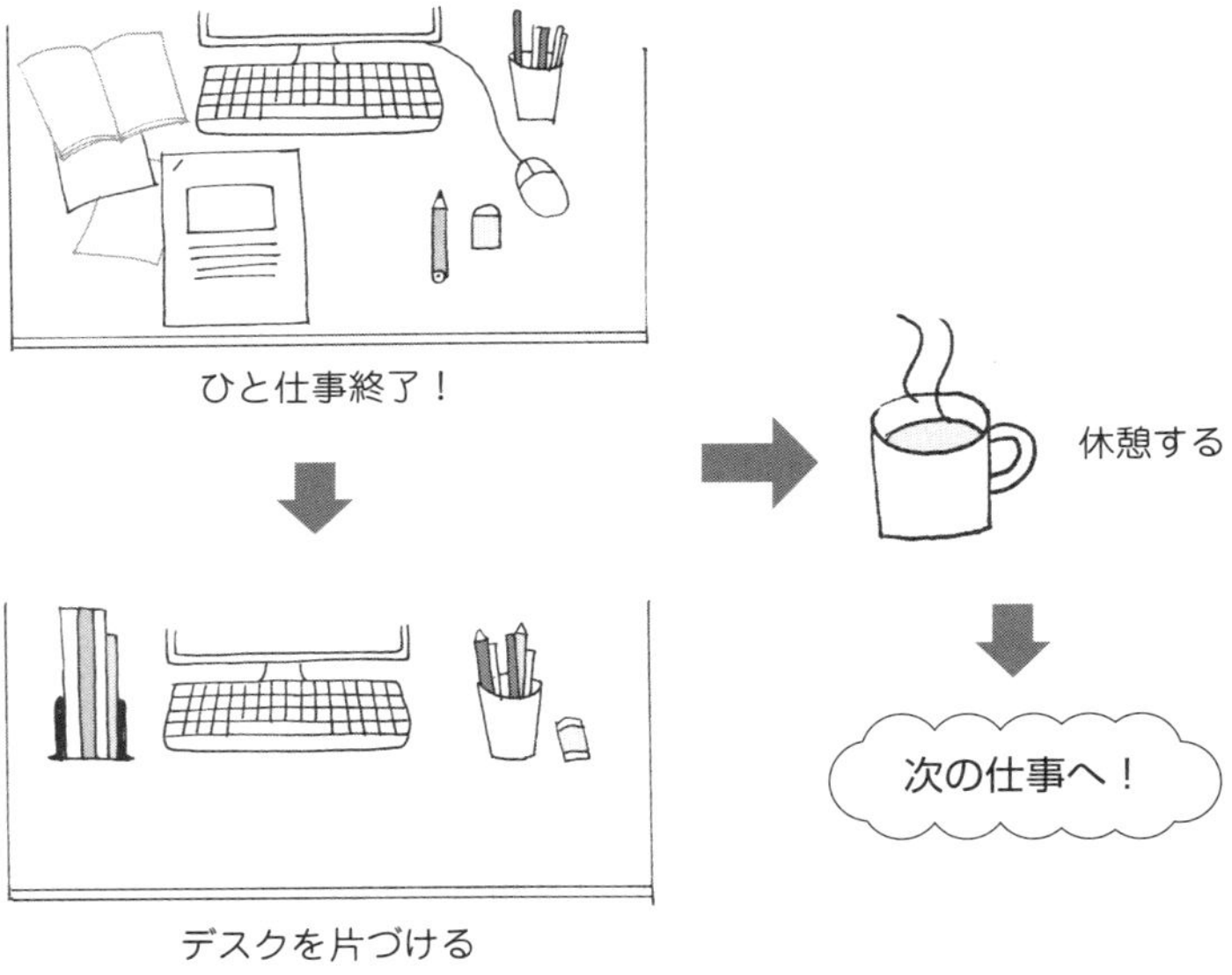

立って仕事をすると仕事がはかどる!?

1日中、机に向かっている仕事には向かないかもしれないが、欧米では「スタンディング・デスク」で立ったまま仕事をする人が増えている。座っていると腰が痛くなったり、午後には眠くなったりするが、立っていると余計なことを考えることもなく集中して仕事ができるという。

そのほかにも集中力アップに効果があるといわれているのが、青い色だ。実際に青いものを身につけると精神を安定させる作用があるといわれる脳内物質のセロトニンが分泌されて、興奮を抑えたり、集中力を高めたりする。

たとえば机の上の書類ケースやペン立て、クリアファイルなどを青いものにすれば、簡単に取り入れることができるだろう。

個人差はあるが、一般的に集中力を保つことができるのは25～30分といわれている。自分が集中できる時間がどれくらいか、またそれが午前中なのか午後なのかというクセをつかんでおけば勉強もはかどるだろう。

ひと口アドバイス

「青」は気分をクールダウンさせる。心拍数が少し下がることで体温が少し下がり、副交感神経が優位になって落ち着くのだ。また青は、時間の流れをゆったりと遅く感じさせる色でもある。

脳が一瞬でリラックスできる環境のつくり方

●午後の昼寝で作業効率がグンとUP！

睡眠は疲れた体を休めるとともに、脳にも休息を与える貴重な時間だ。脳が疲れていては、ひらめきも集中力もあったものではない。

そこで、たとえば昼休みなどに30分以内の仮眠をとるようにしよう。すると、午後の作業の効率が格段に上がるのだ。

厚生労働省の「睡眠指針」によると、午後の早い時間に30分以内の短い昼寝をすることが作業の改善につながるとしている。

実際にオフィス・シエスタ（昼寝）を実施している企業もある。さらに、オフィス以外では昼寝ができるカフェなどもある。

ところで、仮眠をとるにあたっては背もたれが適度に傾くイスに座ったり、足元にオットマン（ソファーなどの前に置いて足を乗せるソファー）を置くなどしてリ

リラックスできる環境をつくるためのアイテム

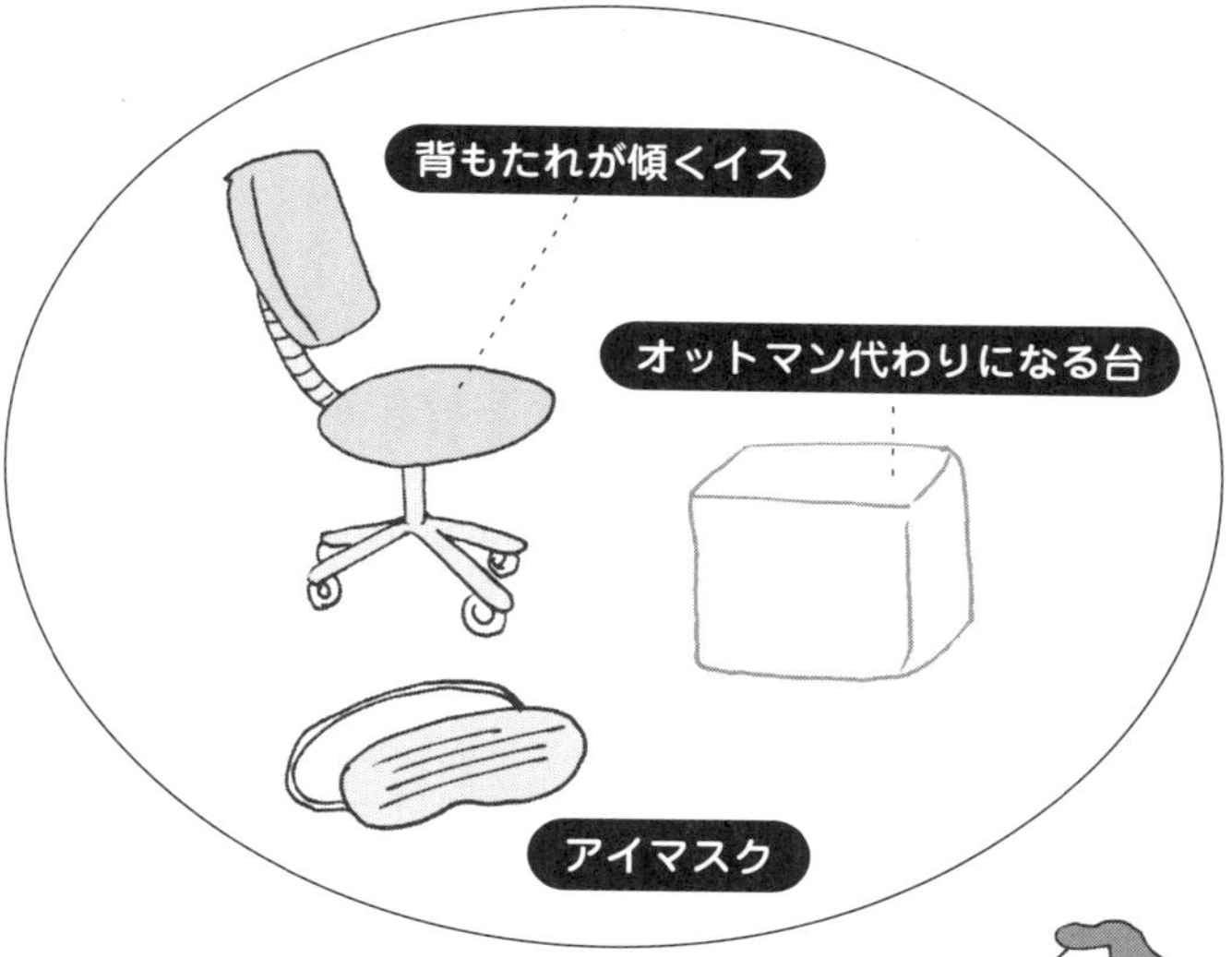

ラックスできる環境をつくることができればベストだ。

また、アイマスクをして外の光をしっかり遮断したり、イヤホンや耳せんを装着して周囲の音を遮断すれば、短い時間で脳と体をリラックスさせることもできる。ただし、30分以上は逆効果になるのでアラームを設定するなどして寝入らないような工夫をしたい。

勉強でも仕事でもダラダラと続ければいいというものではない。ぼんやりとした頭で午後の仕事を続けるよりは、思い切って仮眠をとって集中力と質を高める方向にシフトしたほうがはるかに効率はいいのである。

ひと口アドバイス

寝すぎてしまうという人は、昼寝をする前にコーヒーを飲んでおこう。じつはカフェインが効き始めるのは30分後だという。つまり、ちょうどいい頃に、目覚めることができるのだ。

情報の「新陳代謝」が進む本棚スペース2：1の法則

●どうしても保存したい「情報」はスキャンして取り込む

世の中に向けて発信される情報の量は増え続ける一方だが、その鮮度は日に日に短くなっている。

とはいえ、人もモノもそのキャパシティは限られているのだから、手にしたそれらの情報はそのつど取捨選択しなくてはならない。そんな情報が詰まったものの代表といえば、本である。

そこで、効率のいい情報整理をするためには、本棚には常に新しい本を収めるスペースを3分の1ほど確保しておきたい。古い情報を捨てて、新しい情報を受け入れる〝スペース〟を意識的に空けておくのだ。

なかには、一度手に入れた本はなかなか捨てることができないという人もいるかもしれない。そんな人は思い切って「また買えばいい」と考えてほしい。

半年に一度は本棚のリストラを！

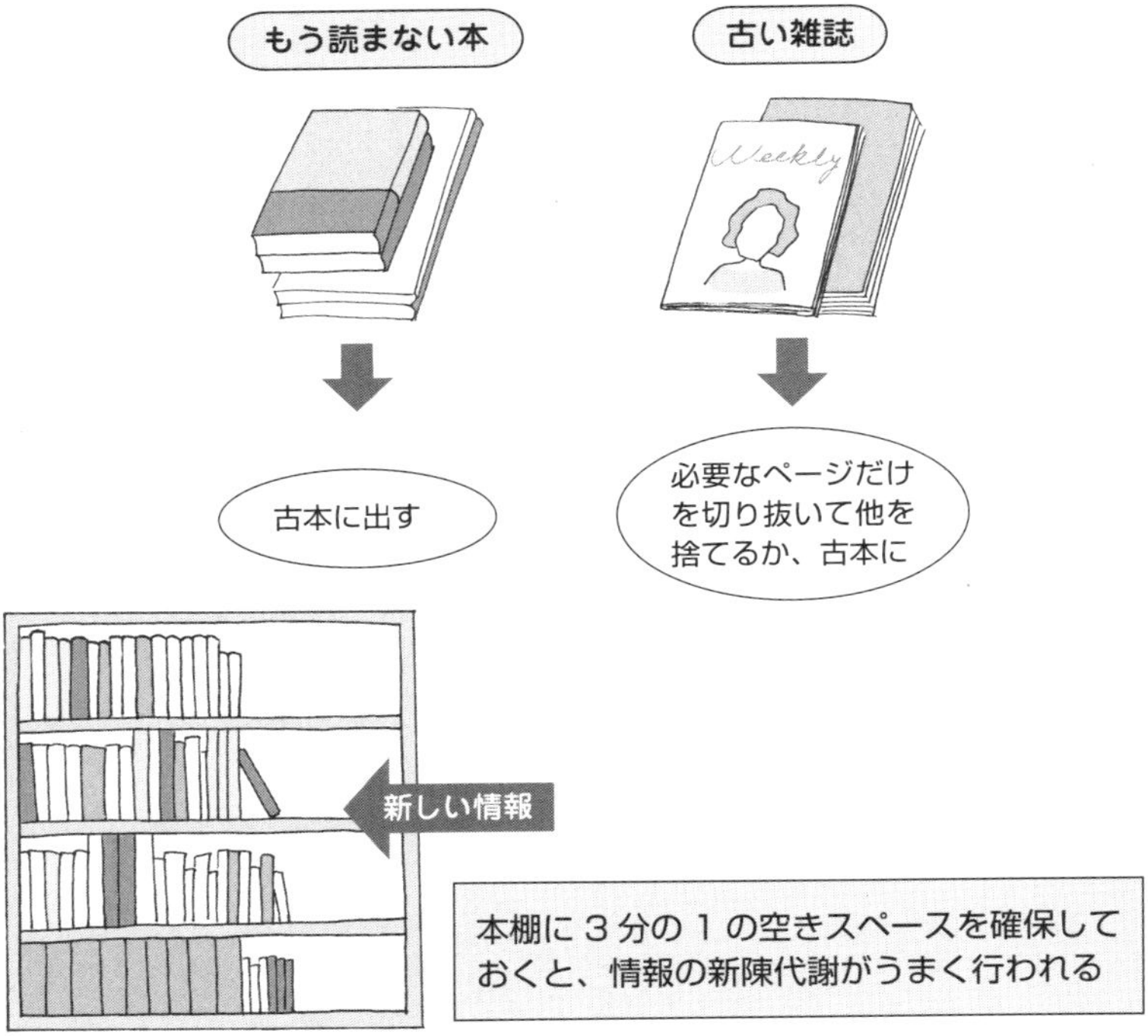
もう読まない本
古い雑誌
Weekly
古本に出す
必要なページだけを切り抜いて他を捨てるか、古本に
新しい情報
本棚に３分の１の空きスペースを確保しておくと、情報の新陳代謝がうまく行われる

本が詰まった本棚から本を抜き出せない

本がビッシリと詰まった本棚から必要な本を抜き出そうとすると、無理に背表紙を引っ張って本を傷めてしまったり、棚に収まっていた本が“雪崩”を起こしてしまったりする。そこで、先が90度に曲がっていてフック状になっているしおりを使ってみよう。読みかけの本にこれを挟んでおけば、本が詰まった本棚からでも目当ての本をサッと取り出すことができる。

いまでは中古で本を手に入れたり、インターネットで購入することも容易になっている。あとからどうしても必要になったら再度購入すればいいのだ。

もし、捨てようと思っている雑誌や本の中で保存したいページがあれば、スキャンをして保存しておけばいい。

スクラップするように残しておきたい箇所をデータ化しておけば、本棚のリストラもしやすいはずだ。

本好きならば、本を整然と並べておきたい心理はわかるが、これくらいの余裕をもってあふれる情報を処理していきたいものである。

ひとロアドバイス

読み終わった本を本棚にしまうと何年もそのままになってしまったりする。そこで、半年に一度などと決めて整理をしよう。再読することにもなり、自分に必要なものとそうでないものがわかるはずだ。

ストップウォッチひとつで勉強の効率は上がる

●単純作業が確実にできる「キッチンタイマー時短術」

資格試験などに向けて自宅で勉強する人にとっては、いかに集中して短時間で効率的に勉強できるかが重要になってくる。ところが、日々の生活に追われていると勉強の時間がとれず、なかなか続けられないものだ。

続けられない理由のひとつには、どのくらいの時間を割けばいいのかわからなかったり、また勉強する習慣が身についていないということがある。

そこで、ストップウォッチを使ってどれだけの時間がかかるのかを実際に測ってみよう。いわば勉強の〝タイムトライアル〟を行うのである。

そうして何回か測ってみると、「ＴＯＥＩＣの参考書を10ページ進めるのに30分かかっているので、毎日30分勉強しよう」というように、具体的な数字で目標を立てることができる。

どの仕事にどれだけ時間がかかるかを把握する

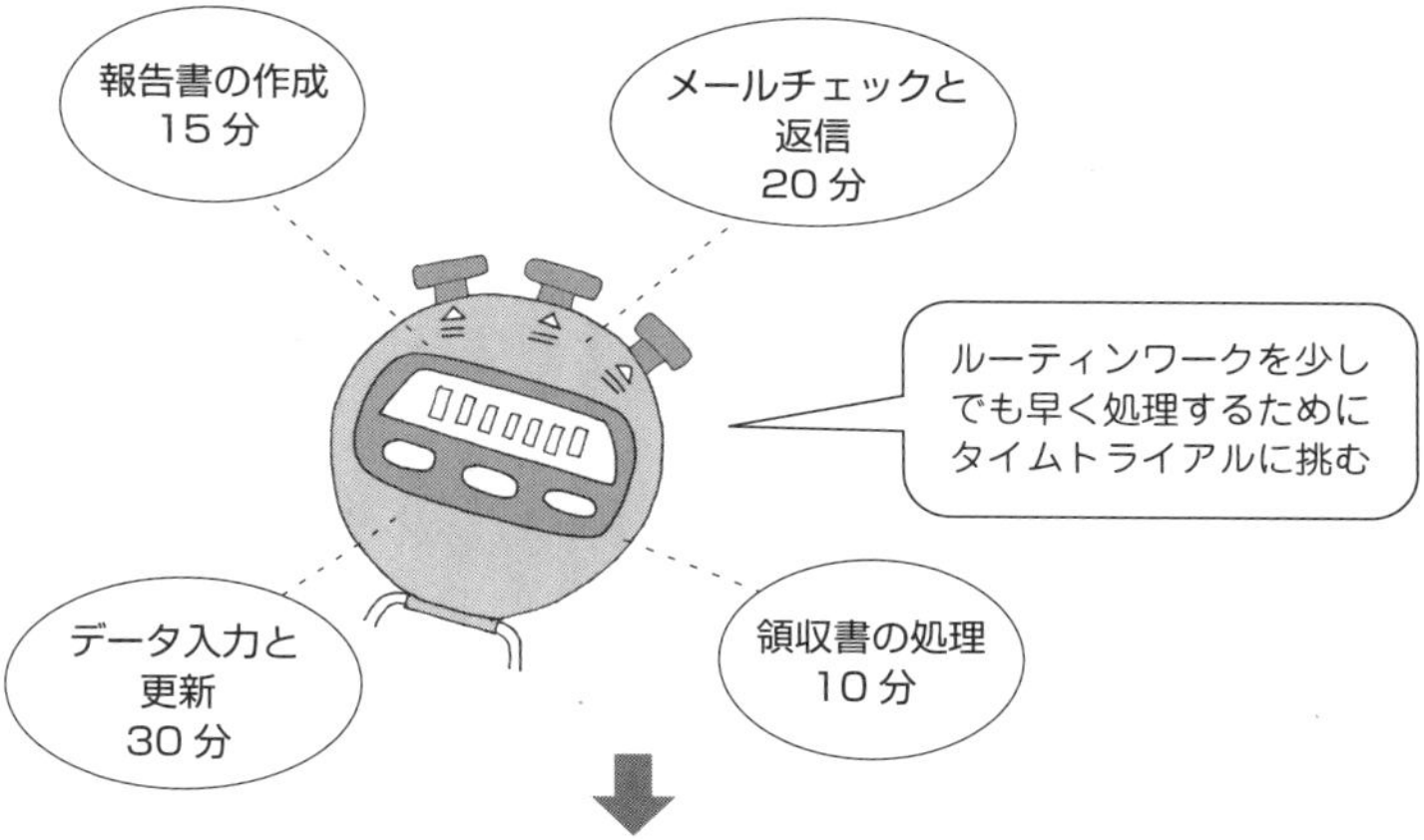

時間を把握しておくと、打ち合わせや
会議などの間にルーティンワークを挟
むことができ、効率よく処理できる

どれだけ時間を短縮できるかにトライする

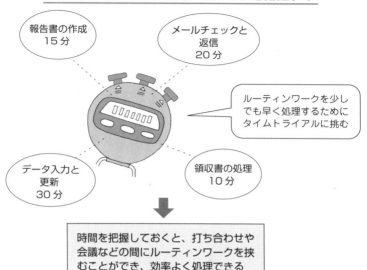

さらに、タイマーで30分間セットしてから作業を始めるとタイマーが鳴るまでに終わらせようと集中力が高まり、効率よく作業をスピードアップさせることができる。

残り時間を音声で知らせる「カウントダウン時計」も試してみよう。「残り時間はあと10分……」などと声が聞こえるとまるでゲームをしているようで、苦手な作業でもやる気はアップするはずだ。

こうして目標を数値化するだけでそれは強い動機づけとなる。目標達成に向かってやる気が湧いてくるだけでなく効果的なやり方も身についてくるのである。

ひと口アドバイス

パソコンを使うときは1時間に約10分の休憩をするのが理想的だとされている。そんなときにもタイマーを使って作業時間を決めておけば、意識的に休むことができる。

参考文献

『整理 HACKS! 1分でスッキリする整理のコツと習慣』（小山龍介／東洋経済新報社）、『文房具の足し算』（和田哲哉／ロコモーションパブリッシング）、『ミスゼロ、ムダゼロ、残業ゼロ！』（オダギリ展子／幻冬舎）、『書斎がいらないマジック整理術』（ボナ植木／講談社）、『能率10倍のシンプル仕事術』（浜口直太／ＰＨＰ研究所）、『会社では教えてくれない！ 頭のいい整理術・ファイリング術』（桃山透／ぱる出版）、『仕事力がアップする超・デスク整理術』（小松易／マガジンハウス）、『1秒整理術！』（壺阪龍哉／三笠書房）、『「なまけもの」のあなたのためのこんどこそ！整理する技術』（壺阪龍哉／あさ出版）ほか

※本書は、『1分で解決！ 仕事ができる人の整理術』（二〇一四年／小社刊）、『奇跡を起こすたった1ページのノート術』（二〇一七年／同）をもとに、新たな情報を加え、改題・再編集したものです。

編者紹介

ビジネスフレームワーク研究所
情報収集・分析から企画・プレゼン、交渉・商談、問題解決、人間関係まで、充実したビジネスライフを送るために必要な情報を発信するライター＆編集者集団。本書では、結果を出すための「整理」のコツだけを厳選してお届けする。この一冊があれば、周囲のゴチャゴチャも、気持ちのモヤモヤもきれいにスッキリ。目からウロコの簡単なやり方で、思考の“見晴らし”が突然よくなる本。

仕事《しごと》ができる人《ひと》の頭《あたま》の整理《せいり》学大全《がくたいぜん》

2019年 4 月 1 日　第 1 刷

編　　者　ビジネスフレームワーク研究所《けんきゅうじょ》

発 行 者　小 澤 源 太 郎

責任編集　株式会社プライム涌光
電話　編集部　03(3203)2850

発 行 所　株式会社青春出版社
東京都新宿区若松町12番1号〒162-0056
振替番号　00190-7-98602
電話　営業部　03(3207)1916

印刷・大日本印刷　　製本・ナショナル製本

万一、落丁、乱丁がありました節は、お取りかえします

ISBN978-4-413-11287-1 C0030

できる大人の大全シリーズ

こころ涌き立つ

英語の名言

晴山陽一

ISBN978-4-413-11159-1

そんな仕組みがあったのか！

「儲け」のネタ大全

岩波貴士

ISBN978-4-413-11160-7

誰もがその先を聞きたくなる

地理の話大全《たいぜん》

おもしろ地理学会［編］

ISBN978-4-413-11161-4

隠された歴史の真実に迫る！

謎と暗号の世界史大全《たいぜん》

歴史の謎研究会［編］

ISBN978-4-413-11169-0

できる大人の大全シリーズ

仕事の成果がみるみる上がる！

ひとつ上のエクセル大全《たいぜん》

きたみあきこ

ISBN978-4-413-11201-7

「ひらめく人」の思考のコツ大全《たいぜん》

ライフ・リサーチ・プロジェクト［編］

ISBN978-4-413-11203-1

通も知らない驚きのネタ！

鉄道の雑学大全《たいぜん》

櫻田 純［監修］

ISBN978-4-413-11208-6

「会話力」で相手を圧倒する

大人のカタカナ語大全《たいぜん》

話題の達人倶楽部［編］

ISBN978-4-413-11211-6